IMPARABLES 3

Cómo pasamos de enemigos a amigos

M

HACE 2.300 AÑOS

En Éfeso construyen el templo de Artemisa, en Cartago construyen un mercado enorme y en Roma construyen un ejército muy potente.

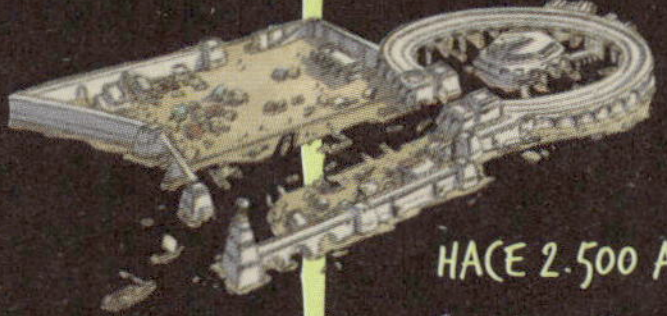

HACE 2.500 AÑOS

Se alzan las ciudades de Éfeso, Cartago y Roma.

HACE 2.170 AÑOS

Los romanos destruyen Cartago y, más tarde, la reconstruyen.

HACE 4.000 AÑOS

En Uruk escriben la historia de cuando Gilgamesh se enfrentó a la muerte.

HACE 1.830 AÑOS

El cartaginés Septimio Severo se convierte en emperador de Roma.

HACE 5.200 AÑOS

Se inventa la escritura en la ciudad de Uruk.

LÍNEA DEL TIEMPO DE LA HISTORIA

HACE 1.570 AÑOS

Los vándalos vandalizan Roma.

HACE 1.630 AÑOS

Un grupo de cristianos de Cartago
deciden qué historias incluyen
en la Biblia, y en paralelo
los cristianos de Éfeso destruyen
el templo de Artemisa.

HACE 1.325 AÑOS

Los musulmanes destruyen Cartago.

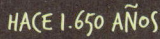

HACE 1.650 AÑOS

Los romanos se convierten
en cristianos.

HACE 770 AÑOS

El kan de Mongolia
quiere averiguar cuál es
la historia que debería
creer todo el mundo.

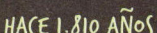

HACE 1.810 AÑOS

Los habitantes de Cartago y Éfeso
se convierten en romanos.

YUVAL NOAH HARARI

IMPARABLES 3

Cómo pasamos de enemigos a amigos

Ilustraciones de
Ricard Zaplana Ruiz

Traducción de
Alícia Astorza

Montena

Papel certificado por el Forest Stewardship Council®

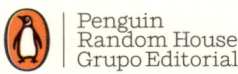
Penguin
Random House
Grupo Editorial

Título original: *Unstoppable Us: How Enemies Become Friends (volume 3)*

Primera edición: noviembre de 2024

C.H.Beck & dtv:
Editores: Susanne Stark, Sebastian Ullrich

Sapienship Storytelling:
Producción y gestión: Itzik Yahav
Gestión y edición: Naama Avital
Marketing y Relaciones Públicas: Naama Wartenburg
Edición y gestión del proyecto: Ariel Retik
Ayudantes de investigación: Jason Parry, Jim Clarke, Ray Brandon y Dor Shilton
Corrección y edición: Adriana Hunter
Diseño: Hanna Shapiro
Asesoramiento en diversidad: Adi Moreno
www.sapienship.co

Printed in Spain – Impreso en España

ISBN: 978-84-10298-24-8
Depósito legal: B-14.480-2024

Compuesto en Compaginem Llibres, S. L.
Impreso en Gómez Aparicio, S. L.
Casarrubuelos (Madrid)

GT 9 8 2 4 8

A todos los seres: los desaparecidos, los vivos
y los que aún están por venir. Nuestros antepasados
hicieron del mundo lo que es. Nosotros podemos
decidir en qué se convertirá.

ÍNDICE

¿ERES COMO LOS DEMÁS?

¿A veces te sientes diferente a los demás? ¿A veces te apetece comportarte de una forma distinta a las personas que te rodean y tener una opinión distinta a la de ellas? Por ejemplo, ponerte ropa que no lleva nadie de tu entorno, escuchar música que parece que no le gusta a la gente o pensar que algo es bueno cuando los demás insisten en que no lo es. ¿A veces crees que la gente que tienes a tu alrededor te quiere meter en una caja y obligarte a ser alguien que no quieres ser?

Hay quien dice que ser diferente es malo, porque si piensas y te comportas de manera distinta a como lo hacen las personas que te rodean no podrás cooperar con ellas ni podréis ser amigos, y entonces es probable que la gente se pelee contigo o te haga daño. Así pues, las personas a quienes no les gusta ser diferentes afirman que lo mejor es dividir todo el planeta en cajitas muy ordenadas y asegurarse de que en cada caja solamente haya personas que piensen y se comporten de la misma forma. Tienen una palabra para referirse a las cajas más importantes: las llaman «países», como Grecia, Nigeria, la India, Canadá, España y Francia, y a la gente que no pertenece a su caja los llaman «extranjeros».

Estas personas a quienes les gusta meter a todo el mundo en cajitas aseguran que solo puedes pertenecer a un país y que, además, no deberías ser diferente al resto de la gente de ese país. Debes hablar el mismo idioma que ellos, vestir la misma clase de ropa, escuchar la misma música, comer la misma comida, jugar a los mismos juegos y creer en los mismos dioses. Si eres diferente a la gente de tu país, no os llevaréis bien y lo único que conseguirás es provocar conflictos. Y, si vas a otro país, serás un extranjero y no le caerás bien a las personas de ahí porque no pertenecerás a ese país.

Las personas que defienden esta división por cajas argumentan que el mundo es así, y punto. Siempre ha habido griegos que viven en Grecia, hablan griego, comen comida griega, juegan a juegos griegos y creen en dioses griegos. Mientras tanto, siempre ha habido canadienses que viven en Canadá, hablan canadiense, comen comida canadiense, juegan a juegos canadienses y creen en dioses canadienses.

Pero todo esto no es cierto. Ya de entrada, en Canadá no se habla canadiense, ni siquiera existe un idioma como tal. La mayoría de los habitantes de Canadá se comunican en inglés, como los ingleses, o bien en francés, como los franceses. Algunos canadienses hablan inuktitut u ojibwe, y otros incluso hablan griego porque puede que ellos mismos o sus padres emigraran de Grecia a Canadá. Por otro lado, en Grecia hay mucha gente que habla inglés y francés, igual que los ingleses, los franceses y los canadienses.

El tema de los dioses es tan complicado como el de los idiomas. Veamos, por ejemplo, los dioses griegos. Hace muchos años, había numerosos dioses griegos. Puede que hayas oído hablar de algunos de ellos, como Zeus, Artemisa y Atenea. En cambio, hoy en día prácticamente ningún griego cree en esas divinidades, sino que la mayoría creen en Jesús, algunos en Alá, unos pocos en Shiva, y muchos no creen en ningún dios, igual que ocurre en Canadá, Nigeria y la India. Así pues, no es cierto que el mundo esté dividido en cajitas muy bien ordenadas. En todos los países hay **gente que habla idiomas diferentes y cree en dioses diferentes**, mientras que también hay gente de países distintos que a veces habla el mismo idioma y cree en los mismos dioses.

Las personas que piensan que el mundo está dividido en cajas pueden llegar a enfadarse mucho si les cuentas todo esto. Responden que las cosas no tendrían que ser así. Opinan que es una pena que algunos griegos coman comida italiana, hablen inglés y crean en un dios asiático. Y quieren que vuelvan al pasado y se comporten como auténticos griegos.

Sin embargo, eso es imposible. Si pudieras viajar en el tiempo y volver al pasado, te darías cuenta de que todas estas cosas siempre cambian. **Ninguno de los países, idiomas o religiones actuales exis-tían hace cinco mil años.** En aquellos tiempos, no existía Grecia, Canadá, Nigeria ni la India. Nadie hablaba inglés, francés ni grie-go. Y tampoco nadie creía en Jesús, Zeus ni Shiva. Sí, claro que había países, idiomas y religiones hace cinco mil años, pero eran completamente distintos a los que conocemos a día de hoy. Si al final aparecieron nuestros países, idiomas y religiones es porque la gente empezó a emigrar y viajar a nuevos lugares, y a pensar y comportarse de formas distintas.

Por ejemplo, los primeros griegos que creyeron en Jesús eran muy diferentes a la gente que los rodeaba. Creían en una nueva religión procedente de otro país de la que sus padres y abuelos jamás ha-bían oído hablar. Para que las cosas cambien, siempre tiene que haber alguien que sea el primero en aceptar las novedades. Alguien tiene que ser distinto a los demás.

Así pues, si te sientes diferente a la gente de tu entorno, debes saber que es normal. La mayoría de la gente que vivía en tu país en la Antigüedad era muy distinta a quienes viven ahora en ese territo-rio. Y, por mucho que haya personas que se empeñen en comer la misma comida, hablar el mismo idioma y creer en los mismos dio-ses que antes, con el paso del tiempo todas estas cosas cambian: los dioses, los idiomas, la comida y la gente.

Pero ¿por qué cambian las cosas aunque la gente se esfuerce para que todo siga igual? ¿Por qué todas las personas, los países, los idiomas y las religiones son distintos a como eran antes? ¿Por qué los griegos, por poner un ejemplo, dejaron de creer en Zeus y Artemisa y empezaron a creer en Jesús? ¿De dónde vienen los dio-ses nuevos y qué pasa cuando se mezclan las divinidades de varios lugares distintos?

Y, sobre todo, ¿qué pasa exactamente cuando se topan dos ex-tranjeros? ¿Qué ocurre, digamos, cuando conoces a una persona de un país muy lejano que habla otro idioma y come cosas raras? ¿Qué sucede cuando cruzas el mar y llegas a un lugar desconocido e in-sólito? ¿Te pelearás con la gente de allí u os llevaréis bien? ¿Cómo es posible que dos personas que son muy distintas entre sí puedan cooperar e incluso llegar a forjar una amistad?

La respuesta es uno de los relatos más extraños que leerás jamás.

Y es una historia real.

1

EL PUEBLO DRAGÓN, EL PUEBLO HORMIGA Y EL PUEBLO LOBO

CRUZAR LAS AGUAS DE LA MUERTE

Hace cinco mil años no existían Canadá, Grecia ni España, y tampoco existían Nueva York, Nueva Deli ni Barcelona. Pero sí había algunos reinos y ciudades, y la ciudad más grande del mundo seguramente era Uruk. En Uruk se hablaba sumerio y creían en muchos dioses que en la actualidad hemos olvidado, como Inanna, Anu y Enki.

Los habitantes de Uruk contaban historias muy interesantes sobre sus dioses, su gente y su ciudad. **Contar historias era importante, porque el hecho de que todos conocieran y creyeran las mismas historias los unía y los ayudaba a cooperar**. Las historias son lo que hace que los humanos seamos mucho más poderosos que el resto de los animales.

Para entender el poder de las historias, solo tienes que compararnos con otros animales, como los chimpancés, por ejemplo. Diez chimpancés pueden forjar una amistad y ayudarse entre sí a encontrar plátanos, pero un grupo de mil chimpancés no podrá cooperar en nada porque no se conocen lo suficiente. Imagínate que metes a mil chimpancés en un sitio y les das un montón de plátanos para que los compartan. Enseguida se pondrían a chillar a viva voz, corriendo de un lado a otro como locos, o tal vez se pelearían.

Si pudieras hablar el idioma de los chimpancés, podrías preguntarle a uno de ellos:

—¿Por qué os peleáis? ¡Si hay suficientes plátanos para todos los chimpancés!

—Sí —te respondería—, ¡pero no conozco de nada a la mayoría de estos chimpancés! ¿Acaso puedo fiarme de ellos? Quizá quieren matarme y quedarse todos los plátanos.

Los humanos somos distintos. Hace mucho tiempo, aprendimos a cooperar en grandes grupos y a usar las historias para construir ciudades y reinos. Si todos creemos en la misma historia (como los relatos sobre los dioses Inanna y Anu), incluso un millón de humanos pueden cooperar y ponerse de acuerdo en las reglas que debe seguir todo el mundo. Por ejemplo, los habitantes de Uruk contaban que la diosa Inanna había creado una regla: no debías matar a nadie ni robarle la comida. Todo el pueblo de Uruk creía la historia de Inanna, así que intentaban seguir estas reglas, y podían confiar en que los demás tampoco los matarían ni les robarían la comida.

Sin embargo, la historia más importante que los unía no trataba sobre la diosa Inanna ni sobre ninguna otra divinidad, sino que era la historia de un humano llamado Gilgamesh. Conocemos la narración de este héroe porque unos arqueólogos que estaban trabajando en los alrededores de Uruk encontraron unas tablillas de hace miles de años donde estaba grabado este relato.

Había una vez un hombre llamado Gilgamesh, que era la persona más valiente del mundo. Se convirtió en el rey de Uruk, luchó contra muchos ogros e incluso consiguió matar al enorme monstruo Humbaba. Un día, el mejor amigo de Gilgamesh, Enkidu, falleció. El rey se sentó junto a su cuerpo sin vida y lo observó durante siete días, hasta que vio que un gusano salía de uno de los agujeros de la nariz de su amigo. Ese bichito lo asustó mucho más que el mismísimo Humbaba, y Gilgamesh se dio cuenta de que lo que le había ocurrido a Enkidu también le pasaría a él tarde o temprano. Fallecería, y los gusanos se comerían su cuerpo: sus fuertes brazos, su cerebro y su nariz. ¿De qué servía tener tanto dinero, poder y fama, si al final se convertiría en comida para gusanos? Así pues, Gilgamesh decidió que debía vencer a la muerte.

Se marchó de Uruk y viajó de país en país buscando una manera de conseguir su objetivo.

En su viaje, se topó con numerosos peligros, mató a muchos monstruos y luchó contra unos temibles seres escorpión, pero, al

fin, oyó hablar de un individuo que podría tener el secreto de la vida eterna: al parecer, los dioses querían tanto a un tal Utnapishtim que le habían regalado la inmortalidad. Pero este personaje vivía al otro lado de un gran océano cuyas aguas eran letales. **Cualquier persona que tocara siquiera una gotita de las Aguas de la Muerte fallecería de inmediato.** ¿Cómo se las apañaría Gilgamesh para nadar hasta el otro lado del océano?

Por suerte, hizo un nuevo amigo, un hombre llamado Urshanabi que tenía una pequeña embarcación. De todos modos, ¿cómo conseguiría Gilgamesh remar por las Aguas de la Muerte sin tocar el agua ni salpicarse sin querer? El rey cogió una camisa y la convirtió en una vela, y así pudo mantenerse dentro del barco y usar su gran cuerpo y sus poderosas manos como si fueran el mástil y la verga de la vela. Nuestro héroe acababa de inventar la primera vela, y la usó para cruzar las Aguas de la Muerte sin remar y sin tocar el agua ni una sola vez.

Cuando al fin conoció a Utnapishtim y le preguntó cuál era el secreto de la vida eterna, el hombre le habló de una milagrosa planta que crecía en lo más profundo del Mar de la Vida.

—Si te la comes —dijo—, ¡serás inmortal! Pero solamente existe una planta de esta clase en todo el mundo. Por eso, en el caso de que la pierdas, ya nunca podrás esquivar a la muerte.

Gilgamesh se ató unas piedras muy pesadas en los pies y se sumergió hasta el fondo marino del Mar de la Vida, donde encontró la planta. La cogió y regresó a la orilla con ella. No obstante, se distrajo un momentito antes de comérsela y una serpiente la robó y se la zampó. El reptil mudó la piel, recuperó la juventud y vivió para toda la eternidad, mientras que Gilgamesh tuvo que regresar a Uruk con las manos vacías. **Solo entonces aceptó que ningún humano puede vencer a la muerte, detener el tiempo ni evitar los cambios.**

Igual que Gilgamesh, la ciudad de Uruk terminó muriendo. Todos los edificios se derrumbaron y las calles quedaron abandonadas. En la actualidad ya no vive nadie allí, salvo arañas, escorpiones y lagartijas…, y también algunos arqueólogos que excavan entre las ruinas para ver si encuentran tesoros antiguos, como las tablillas que narran las aventuras de Gilgamesh.

Uruk ya no existe, pero nos dejó algunos regalos muy importantes: aparte de la historia de Gilgamesh, nos legó la escritura en sí. La escritura se inventó precisamente en Uruk, así que es gracias a esa ciudad que ahora puedes leer este libro, así como los correos electrónicos y las páginas web.

MÁS ALLÁ DE LAS FRONTERAS

Mientras Uruk se estaba muriendo, nacían otros reinos y ciudades. Cada uno con su idioma, sus dioses y sus historias sobre héroes, seres divinos y los orígenes del mundo. Estas historias eran esenciales, puesto que ayudaban a unir a todo el reino, igual que las historias sobre Inanna y Gilgamesh sirvieron para unir al pueblo de Uruk. Ahora bien, independientemente de su tamaño, los reinos siempre tenían fronteras, y más allá de las fronteras vivían extranjeros que creían en otras historias. **¿Qué ocurría cuando se encontraban dos extranjeros?** ¿Se peleaban o encontraban una forma de llevarse bien? Y, si es así, ¿cómo lo hacían?

A la gente le da miedo todo aquello que sea distinto. Tienen miedo de las personas, los lugares, la comida o las ideas que no cono-

cen, y puede hasta que piensen: «Si cruzamos las fronteras de nuestro país, nos podría matar un extranjero». Pero, asimismo, a todos nos atraen los lugares lejanos. ¡Lo desconocido también es muy emocionante! Más allá de las fronteras puedes encontrar cosas alucinantes. Tal vez descubras tesoros y maravillas, pruebes comidas deliciosas y hagas nuevos amigos. ¡Quizá incluso conozcas a alguien que sabe el secreto de la vida eterna! Por este preciso motivo, a pesar de nuestros miedos, siempre ha habido gente que ha sentido la necesidad de irse de casa, cruzar la frontera de su país y marcharse muy lejos.

Para entender qué ocurría cuando la gente viajaba a lugares lejanos y conocía a extranjeros, **vamos a emprender un viaje en nuestra imaginación**. Intenta visualizar a un chico llamado Heráclito que vivía en la ciudad de Éfeso hace más de dos mil doscientos años y que estaba a punto de irse de su ciudad por primera vez en toda su vida, cruzando el mar en barco con su padre hasta la lejana ciudad de Cartago.

En la Antigüedad, mucha gente emprendía viajes parecidos. Gracias a documentos antiguos y descubrimientos arqueológicos, sabemos cómo eran Éfeso y Cartago, qué clase de embarcaciones se usaban en esas ciudades y cómo son las historias que se contaban. Está claro que Heráclito no es una persona real, pero las ciudades de Éfeso y Cartago sí existieron de verdad. Hoy no son más que un montón de ruinas llenas de arañas, lagartijas y arqueólogos…, igual que Uruk. Sin embargo, **hace dos mil doscientos años Cartago era seguramente la ciudad más grande del mundo**, famosa por su mercado. Comerciantes de muchas ciudades y países viajaban a Cartago en barco para hacer negocios, y sabemos que algunos de esos mercaderes emprendían el viaje desde Éfeso.

Éfeso era también una ciudad muy importante, célebre por su precioso templo dedicado a la diosa Artemisa, y estaba habitada por gente griega. Así pues, ¿dónde tendríamos que ir hoy en día para visitar los restos de este templo? Pues, en realidad, tendríamos que ir a Turquía, porque por aquel entonces había muchas ciudades griegas en lo que ahora es la costa de Turquía. Qué lío, ¿no? Pero así funciona la historia: la gente, los países, los idiomas y la religión siempre están cambiando.

GIGANTES CON UN SOLO OJO

Imagina que, justo antes de partir de Éfeso, Heráclito fue al templo de Artemisa a pedirle a la diosa que lo protegiera. **Artemisa era la diosa de la naturaleza, los animales salvajes, las plantas y los niños y las niñas.** Contaban que podía surcar el cielo, ver y oír cosas que pasaban a miles de kilómetros e incluso crear animales y plantas. Además, se decía que era capaz de controlar enfermedades horribles y que, cuando se enfadaba, podía ser terrorífica: tenía un arco mágico con el que disparaba a la gente desde el cielo con flechas impregnadas de enfermedades, y todas esas personas se iban poniendo enfermas y morían. Así pues, Heráclito le rezó a Artemisa para que lo protegiera.

El templo de Artemisa era la edificación más grande que jamás había visto el chico. De hecho, era la edificación más grande que jamás había visto prácticamente cualquier persona. Mucha gen-

te viajaba a Éfeso desde muy lejos solo para conocer el templo, y era considerado una de las siete maravillas del mundo. ¡Era tan grande como un estadio de fútbol de la época actual! Estaba hecho de mármol blanco reluciente y contaba con ciento veinte columnas, también de mármol. **Dentro había una enorme estatua de Artemisa bañada en oro y plata,** y el espacio lo decoraba una gran cantidad de estatuas, cuadros y joyas.

Después de rezarle a Artemisa en el templo, Heráclito fue a despedirse de su segundo lugar favorito de Éfeso: el teatro. Era otro edificio descomunal con muchas columnas de mármol, pero aquí los actores representaban obras sobre dioses y héroes que emprendían aventuras de todo tipo. A Heráclito le encantaban esas obras y le gustaba imaginarse que algún día él sería también un héroe y emprendería su propia aventura. ¡Tal vez incluso llegarían a escribir una obra de teatro sobre él!

De camino al teatro, se encontró con sus amigos, que lo estaban buscando para despedirse. El viaje de ida y vuelta a Cartago se alargaría varios meses, y en esa época no había ni teléfonos ni ordenadores, de modo que, cuando alguien viajaba a un lugar tan lejano, no podía ha-

blar con sus amigos durante mucho tiempo. **Puede incluso que jamás volviesen a hablar.**

—¿Por qué te vas, Heráclito? —le preguntaron.

—Mi padre parte hacia Cartago hoy mismo y quiere que lo acompañe.

—¡Pero no vayas! —exclamó un chico—. ¿Acaso no sabes que más allá de Éfeso el mundo está lleno de monstruos terroríficos, como los cíclopes? ¡Dicen que miden cuatro metros, tienen un solo ojo en medio de la frente y se comen a la gente!

—Y yo he oído que hay brujas que te engatusan para llevarte a su casa y te ofrecen auténticos manjares, pero que en realidad han envenenado la comida con una poción mágica y, al comértela, ¡te conviertes en un cerdo! —añadió una chica pelirroja.

—¡Es verdad! —se sumó el primer chico, que estaba tan exaltado que le empezó a caer un moquillo de la nariz—. ¡Y no te olvides de las sirenas! Son criaturas marinas con cabeza humana. Viven en rocas escarpadas que quedan ocultas bajo las olas. Cuando ven que un barco pasa cerca de ellas, alzan la cabeza y se ponen a cantar una melodía cautivadora. Nadie puede resistirse a su canto. De modo que te acercas más y más a ellas para escucharlas bien y… ¡pam! El barco choca contra las rocas y queda destrozado… ¡Y entonces las sirenas aprovechan para despedazarte!

—A mí eso no me da miedo —replicó Heráclito, aunque en realidad empezaba a preocuparse—. Si se me acerca un cíclope o una sirena, ¡cogeré la espada y se la clavaré en la tripa!

—No seas tonto —intervino otra chica—. **Todo esto son cuentos que narra la gente sobre lugares que no han visitado jamás.** En los otros países, seguro que también cuentan historias terroríficas sobre nosotros y dicen que Éfeso está lleno de gigantes y brujas que se comen a los humanos. Pero, en realidad, vayas adonde vayas, lo que te encontrarás es gente normal y corriente, como nosotros.

La chica tenía razón, por supuesto. Los cíclopes, las sirenas y los demás monstruos solo existían en las historias que se inventaba la gente. Cabe destacar a un narrador especialmente bueno, un hombre llamado Homero que compuso dos historias muy famosas: la Ilíada y la Odisea. En la primera se cuenta la historia de un ejército de guerreros griegos que conquistaron la ciudad de Troya liderados por los héroes Agamenón, Menelao, Aquiles y Odiseo. En la segunda se explican los viajes posteriores de Odiseo por todo el mundo, donde se topó con cíclopes, sirenas, brujas y hechiceros. Es probable que hayas oído hablar de algunas de estas historias, y hoy en día podemos aún leer los textos íntegros tanto de la *Ilíada* como de la *Odisea*.

—Tal vez los cíclopes y las sirenas no son más que historias inventadas —concedió el chico del moquillo—, pero sigue siendo peligroso ir al extranjero. Los habitantes de esos pueblos quizá sean humanos, pero ¡son igual de peligrosos que los cíclopes!

—Y yo he oído que el mundo está lleno de enemigos y piratas y, lo peor de todo…, ¡romanos! —añadió la pelirroja—. Te atracarán y te matarán, Heráclito.

—Pero yo voy a Cartago —replicó él—, y ahí no hay romanos. Solo cartagineses.

—¡Será peligroso de todos modos! —insistió el del moquillo—. Allí tienen unas normas muy raras, y podrías hacer algo ilegal sin saberlo y entonces te castigarán. Quizá esté prohibido estornudar en la calle, y por un inofensivo estornudo terminarías en la cárcel o incluso podrían matarte. Y ni siquiera podrás preguntarles nada sobre sus extrañas normas porque no hablas su idioma. Aquí todos hablan griego, pero en Cartago no lo habla nadie. Allí tienen un idioma que se llama «fenicio». ¡Y tú no sabes ni una sola palabra de su idioma! ¿Cómo te las apañarás?

—¿Y qué comerás? —preguntó la pelirroja—. **Seguro que allá tienen unos platos muy extraños y asquerosos.** ¡Me han contado que comen pescado podrido!

—¡Y no creen en Artemisa! —continuó su amigo—. Nosotros le construimos el templo más alucinante de todo el mundo para que nos protegiera, pero en Cartago no hay ningún templo dedicado a Artemisa. ¿Cómo le rezarás cuando llegues ahí?

—¡Y no tienen teatros! —exclamó la chica—. A ti te encanta ir al teatro a ver las nuevas obras, Heráclito, pero resulta que en Cartago no hay ninguno. ¡Ni siquiera saben lo que es el teatro! Si no te matan por estornudar en la calle y no la palmas por comer pescado podrido, ¡te morirás del aburrimiento!

—No hacéis más que buscar excusas para que no me vaya —argumentó Heráclito—. Primero habéis dicho que el mundo estaba lleno de gigantes con un solo ojo, y ahora decís que los habitantes de Cartago son seres humanos que comen pescado podrido y no conocen el teatro. No tenéis ni idea de lo que habláis. Quiero ver Cartago

con mis propios ojos. ¡Dicen que es la ciudad más grande del mundo! Si no creen en Artemisa, entonces quiero descubrir en qué dioses creen. Y, si no conocen el teatro, tal vez yo pueda explicarles qué es.

HISTORIAS SOBRE EL ORIGEN

A pesar de los miedos que tenía la gente, igual que los amigos de Heráclito, muchas personas emprendían largos viajes en barco, y no solo de Éfeso a Cartago, sino que viajaban entre lugares muy distintos. Lo sabemos porque **hemos encontrado historias y poemas que se escribieron en la Antigüedad** e incluso se han descubierto restos de barcos que naufragaron.

En 1982 se hallaron los restos de un barco que naufragó en la costa de Turquía, cerca de Uluburun, que no estaba lejos de Éfeso. Los localizó un joven pescador llamado Mehmet Çakir mientras buceaba en busca de esponjas de mar. Se fijó en que en el fondo marino se veían unos objetos curiosos, avisó al director de un museo de arqueología que había en la zona y enviaron a un equipo de arqueólogos submarinos profesionales a investigarlo. A casi cincuenta metros de profundidad, encontraron un antiguo barco… y toda clase de tesoros increíbles.

Cuando naufragó, el barco llevaba diez toneladas de cobre, que provenía mayoritariamente de la isla de Chipre, que se encontraba cerca, y una tonelada de estaño, que provenía en parte de Uzbekistán, un territorio que se hallaba a miles de kilómetros de distancia. También contenía todo tipo de herramientas y armas, como hoces, cinceles, una sierra, cuatro espadas y muchos objetos más, así como madera negra africana, un fragmento de un colmillo de elefante, huevos de avestruz y una docena de dientes de hipopótamo. Además, los arqueólogos identificaron restos de varios alimentos, como aceitunas, higos, almendras y distintas especias, como cilantro y comino. Por último, encontraron una gran cantidad de joyas, como colgantes de oro, pulseras de plata, anillos de caracola, un cascarón de tortuga que servía como caja de resonancia de un laúd y **una trompeta tallada a partir de un diente de hipopótamo.**

¡Había tantas cosas interesantes que tuvieron que hacer más de veintidós mil inmersiones para subirlas hasta la superficie!

¿Por qué naufragó el barco? No fue por culpa de unas sirenas aficionadas al canto ni de unos gigantes con un solo ojo. Lo más probable es que fuese a causa de una tormenta. Aunque no existían los monstruos, el mundo sí que era un lugar peligroso. En realidad, el chico del moquillo y su amiga pelirroja tenían buenos motivos para estar asustados. Así pues, cuando Heráclito se subió al barco de su padre, el Teseo, tenía cara de estar también un poco preocupado.

—¿Qué te ocurre? —le preguntó un marinero, un chico llamado Jasón. Era un poco mayor que Heráclito y llevaba puesto un abrigo amarillo de lana de oveja—. Pareces asustado.

—¡No estoy asustado! —replicó el chico, fingiendo valentía.

—Pero si es lo más normal —dijo Jasón—. En mi primera travesía, ¡yo estaba muerto de miedo!

—Ah, ¿sí? —se sorprendió Heráclito, que siempre había pensado que los marineros no tenían miedo de nada.

—Pues claro. La gente me había dicho que el mundo estaba lleno de dragones, brujas y piratas. Y que, si no me comían los cíclopes, ¡seguro que lo harían los extranjeros!

—¿Y era cierto?

—En parte, sí. No existen los cíclopes ni las brujas, pero sí me encontré con algunos extranjeros peligrosos que intentaron atracarme y matarme. Pero, por otro lado, también conocí a extranjeros muy majos que se convirtieron en mis mejores amigos. ¡Y algunos de ellos están en este barco!

—¡¿Cómo?! —exclamó Heráclito, y se puso a mirar de un lado a otro con recelo—. ¿Te refieres a los demás marineros?

—Sí. Hay algunos que no son de Éfeso. Mira, te presento a mi amigo Edipo, que es de Tebas.

—¿Qué clase de nombre es Edipo? —musitó Heráclito.

—Mejor que no preguntes… —contestó Edipo—. Mi madre me llamó así por el rey de no sé qué obra de teatro que le gustaba.

—¿En serio? —preguntó Heráclito—. ¡Una vez vi una obra ambientada en Tebas y salía un dragón!

—¡Así es! —dijo Edipo—. Hace mucho tiempo, había un dragón en Tebas y nadie se atrevía a acercarse. Un día, un príncipe llamado Cadmo viajó hasta esa zona desde las tierras de Fenicia. El dragón acabó con todos sus amigos, pero Cadmo se enfrentó a él y lo mató. Entonces apareció la diosa Atenea y le dijo al héroe que le arrancara los dientes al dragón y los sembrara. Del suelo donde los había enterrado, brotaron unos guerreros completamente armados que atacaron a Cadmo con sus espadas. Cadmo les tiró una piedra y los soldados enseguida lo dejaron en paz y se pusieron a luchar entre sí. La mayoría de ellos murieron, pero Cadmo convenció a los últimos cinco guerreros para que dejaran de luchar y lo ayudaran a construir una nueva ciudad. Y así es como se fundó Tebas, y por eso los habitantes de Tebas somos descendientes del dragón. ¡Somos hombres dragón!

—Pero, oye, si **Tebas la fundaron Cadmo y sus cinco hombres dragón**, ¿cómo tuvieron descendientes? No has mencionado a ninguna mujer dragón —intervino otro marinero, Aquiles.

—Y yo qué sé —replicó Edipo—. Al menos mi nombre no proviene de un tío que ni siquiera podía soportar un rasguño en el talón. ¡Lo que pasa es que estás celoso!

—Ja, ¿por qué iba a estar celoso? —se rio Aquiles, sacando pecho—. ¡Mi nombre proviene del mayor héroe de la historia y nací en la isla más maravillosa de todo el mundo, Egina! ¿Y sabes de dónde venimos nosotros?

—No. —Heráclito sacudió la cabeza.

—Bueno, pues resulta que un día la diosa Hera estaba enfadada con el pueblo de Egina, así que mandó una plaga y mató a todos los habitantes de la isla.

—Pero ¿y eso cómo explica de dónde venís? —preguntó Heráclito.

—No he terminado —respondió Aquiles, irritado—. No es de buena educación interrumpir a la gente. ¿Por dónde iba? Ah, sí, la isla estaba vacía, así que Zeus obró un milagro y transformó a las hormigas de la isla en humanos. Por eso nos llaman «mirmidones», que significa «pueblo hormiga», y por eso somos tan feroces y leales a nuestro rey como las hormigas.

—¡Las hormigas tienen reina, no rey! —se rio un tercer marinero con una barba muy larga—. Y jamás he oído a nadie que diga que las hormigas son feroces. ¡Puedes aplastarlas como si nada! ¿En serio crees que alguien puede transformar una hormiga en un ser humano? Sería una tarea muy complicada incluso para un dios.

—¡Ni se te ocurra aplastar una hormiga, Jonás! —avisó Aquiles al marinero barbudo—. ¡O te demostraremos lo feroces que somos el pueblo hormiga!

—Relájate —replicó Jonás—. No me das miedo, Aquiles. A mí me protege el mejor dios de todo el mundo: el dios de mi pueblo, el gran padre que vive en los cielos. Me gusta pensar que es mi propio padre que vive en los cielos. Al principio, mi pueblo lo formaban esclavos de las tierras de Egipto, pero el Padre de los Cielos nos rescató. Provocó una lluvia de ranas sobre los egipcios e hizo que el sol desapareciera, y entonces huimos de allí. Los egipcios nos persiguieron, pero el Padre de los Cielos obró un milagro y separó las aguas del mar, y así cruzamos hasta un lugar maravilloso llamado Canaán. Cuando los egipcios intentaron seguirnos, ¡el Padre de los Cielos cerró el mar y se ahogaron! ¡Y de ahí venimos los judíos!

—Yo he estado en Egipto tres veces —lo interrumpió un marinero, Gayo—, y ahí nadie conoce esta historia. ¿No crees que los egipcios recordarían algo así?

—Quizá se han olvidado —respondió Jonás—. Fue hace mucho tiempo.

—Bueno, pues en mi caso nadie olvida una visita de mi pueblo —presumió Gayo— y todo el mundo sabe de dónde venimos. Hace mucho tiempo, en una ciudad llamada Alba Longa, **una princesa dio a luz a dos gemelos: Rómulo y Remo.** El padre de los niños era Marte, el dios de la guerra. El rey de Alba Longa se dio cuenta de que esos dos hermanos tenían algo mágico y le preocupaba que acabaran apoderándose de su reino, así que ordenó a sus soldados que los lanzaran al río Tíber. Sin embargo, los bebés flotaron hasta la orilla y una loba los encontró. Se los llevó a su guarida y… ¡los amamantó! Cuando Rómulo y Remo se hicieron mayores, mataron al malvado rey y fundaron una nueva ciudad, ¡Roma!

—¡Eres romano! —exclamó Heráclito, alarmado.

—Sí —respondió Gayo, y gruñó como un lobo.

Todos los marineros rieron y le dijeron al chico que no se tomara a Gayo demasiado en serio.

—Solo intenta asustarte. Gayo es la persona más maja que conocerás jamás. Ni siquiera aplastaría una hormiga.

—Correcto —aseguró Gayo, que ahora estaba más serio—. Me gustan las hormigas, como a mi amigo Aquiles. A las personas no les importan las hormigas, pero en realidad sufren mucho cuando alguien las aplasta.

—¿Y cómo has terminado en este barco? —quiso saber Heráclito—. ¿Y cómo es que hablas griego? Pensaba que los romanos hablaban latín.

—Yo era soldado romano, un legionario, y presencié mucha violencia cuando estuve en el ejército. Ya no lo aguantaba. Alguien me habló de un país muy lejano llamado India donde algunas personas rechazan tanto la violencia que ni siquiera aplastan las hormigas, y decidí ir allí. Pero unos piratas atacaron mi barco y mataron a todos, excepto a mí. Salté por la borda y me aferré a un pedazo de madera durante tres días, convencido de que me iba a morir. Los dioses seguramente me estaban castigando por todas las cosas malas que había hecho en el ejército. Entonces tu padre pasó cerca de donde estaba con el Teseo y me rescató. Tanto él como los demás marineros eran muy simpáticos, y decidí quedarme. Eso fue hace diez años, o sea, que he tenido mucho tiempo para aprender griego. De todos modos, quiero continuar viajando e ir a la India tarde o temprano.

—¿Y tú, Jonás, cómo es que hablas griego? —añadió Heráclito—. Pensaba que los judíos hablaban hebreo.

—Viene a ser la misma historia. Viajaba del puerto de Jaffa a Iberia cuando mi barco naufragó por una tormenta. Pero un pez muy grande me salvó la vida.

—¡¿Un pez?! —exclamó Heráclito, que estaba alucinando—. ¿Lo dices de verdad?

—Sí, de verdad. Conseguí nadar hasta una isla desierta, pero allí no había nada para comer y estuve a punto de morirme de hambre. Al final logré pescar un pez enorme y me lo comí. Así que, en realidad, lo que me salvó la vida fue ese pez. Estoy seguro de que me lo mandó el Padre de los Cielos. Una semana más tarde, el Teseo pasó por la isla y me recogieron. Igual que Gayo, me quedé y aprendí griego.

—¿Y vosotros dos? —Heráclito se giró hacia Edipo y Aquiles—. ¿Cómo habláis griego tan bien?

—¡Vaya pregunta! —exclamaron ambos al unísono—. ¡En Tebas y Egina la gente también habla griego! ¡E incluso mejor que en Éfeso!

EL BARCO
Y EL MERCADO

Al igual que los marineros del Teseo, los humanos podemos aprender varios idiomas. Seguramente en el colegio estudias algún idioma extranjero, o puede que tu familia hable una lengua distinta en casa. Pero que la gente hable el mismo idioma no significa que sean iguales ni tampoco que pertenezcan al mismo país. En la actualidad, en México, Argentina y Cuba se habla español, pero son tres países distintos. Del mismo modo, en la Antigüedad se hablaba griego en Éfeso, Tebas y Egina, pero no había un único país griego al que pertenecieran todos estos pueblos. **En esa época, los griegos se dividían en cientos de tribus, ciudades, islas y reinos independientes, cada uno con diferentes historias y líderes.** A veces incluso se peleaban entre sí.

Por ejemplo, tal vez hayas oído hablar de una gran guerra que se produjo entre las ciudades griegas de Atenas y Esparta. Es conocida como la guerra del Peloponeso, y en ella de forma gradual casi todos los territorios griegos (como Tebas y Egina) se unieron a uno de los dos bandos. El hecho de que todos ellos hablaran el mismo idioma no evitó la guerra. Los demás pueblos, como los judíos y los romanos, podían aprender griego, pero eso tampoco era garantía de que los judíos, los romanos y los griegos pudieran vivir en paz para toda la eternidad.

Entonces, si el idioma no bastaba para unir a los distintos pueblos, ¿qué podría ayudar al pueblo dragón de Tebas y al pueblo hormiga de Egina a llevarse bien con la gente de Éfeso? ¿Y cómo podían fiarse del pueblo lobo de Roma, de los judíos y de los cartagineses?

Heráclito quizá le estuvo dando vueltas a todas estas preguntas mientras viajaban hacia Cartago.

«Tal vez en una embarcación pequeña como el Teseo —pensaba el chico—, estas personas tan distintas se llevan bien porque son pocas y tienen tiempo para conocerse entre sí. Mi padre decidió quedarse únicamente con los marineros más majos y se hicieron amigos. Pero ¿qué pasará cuando lleguemos a Cartago? Dicen que el mercado de Cartago es el lugar que recibe más extranjeros de todo el mundo, y la mayoría de ellos se van al cabo de unos cuantos días. Está claro que no tienen tiempo para aprender el idioma de los demás, oír sus historias ni hacerse amigos. ¿Cómo consiguen llevarse bien? ¿Me atacarán y robarán, o acaso los cartagineses tienen un secreto para lograr que miles de extranjeros confíen los unos en los otros?».

De momento, dejaremos a un lado a Heráclito y sus preguntas. Oiremos el resto de su historia más adelante. Por ahora, vamos a atracar en Cartago para explorar su secreto. ✋

2

EL SECRETO
DEL MERCADO

LA CIUDAD PERDIDA

¿Alguna vez fantaseas con que viajas a una jungla o un desierto lejanos y encuentras una ciudad perdida repleta de templos olvidados y tesoros escondidos? Pues esta fantasía podría hacerse realidad, porque **lo cierto es que hay ciudades perdidas por todo el mundo**, como la misma Cartago.

Cartago se construyó en el norte de África, en la costa del mar Mediterráneo. Hoy se situaría en un país llamado Túnez, pero si fueras ahora a visitar Cartago verías que solo quedan de ella algunas ruinas, columnas de mármol rotas, bloques de piedra esparcidos por todas partes y un sinfín de fragmentos de piezas de cerámica. Así como arañas, escorpiones y lagartijas. En cambio, si tuvieras permiso para ponerte a excavar en el suelo, podrías descubrir templos, palacios, estatuas, joyas, espadas, coronas de oro y brazaletes de plata. Y es que, en su época dorada, **Cartago era seguramente la ciudad más rica y grande del mundo.**

La fundaron los fenicios hace unos dos mil ochocientos años. Cuando Heráclito emprendió el viaje hacia Cartago, la ciudad ya contaba con medio millón de habitantes, y muchos miles de personas más vivían en los pueblos y las ciudades de los alrededores.

Visualiza ahora a dos hermanos imaginarios de un pequeño pueblo de las afueras de Cartago: Aníbal y su hermana Saponíbal, que fueron a la ciudad por primera vez para visitar a su hermana mayor, que vivía allá. Querían aprovechar el viaje para conocer los célebres templos dedicados al gran dios Baal y a la madre diosa Tanit, los principales dioses de Cartago. Sin embargo, como nunca habían estado en esa ciudad, enseguida se perdieron por sus laberínticas calles. Por suerte, conocieron a una chica que vivía allí, Batbal.

—Disculpa —dijo Aníbal con el tono de voz más amable que fue capaz de usar—, ¿podrías indicarnos cómo se llega a los templos de Baal y Tanit, por favor?

—¡Claro, encantada de ayudaros! —replicó la chica—. No os sintáis mal por haberos perdido. Prácticamente cada día veo a extranjeros a quienes les ha ocurrido lo mismo. Por cierto, me llamo Batbal, pero podéis llamarme Bati.

—Un placer, Bati. Yo soy Saponíbal, pero puedes llamarme Saponi. Y este es mi hermano, Aníbal, y…, hum, no le gustan los apodos.

—¡Me gusta mi nombre tal cual porque me llamaron así por el famoso general Aníbal!

—Ah, sí, he oído hablar de él —asintió Batbal.

—¡Todo el mundo ha oído hablar de él! —exclamó Aníbal—. Cruzó las montañas nevadas de los Alpes con todo su ejército de cartagineses y sus elefantes de guerra. ¡Nadie se había atrevido a hacer algo así antes de él! ¡Y obtuvo una gran victoria en la batalla de Cannas, donde venció a dieciséis legiones romanas de golpe!

Saponíbal entornó los ojos.

—Siempre cuentas la misma historia, pero nunca te acuerdas de mencionar que terminó perdiendo la guerra…

Mientras caminaban por las calles abarrotadas de gente, los dos hermanos alucinaban con todo lo que veían. En su pueblo, las perso-

42

nas vivían en cabañas o casitas y tenían que caminar hasta el pozo que había en el centro para conseguir agua. En cambio, en Cartago mucha gente vivía en bloques de pisos muy altos... ¡y hasta había cañerías que llevaban el agua a las plantas más elevadas! Y los sorprendió aún más la gran cantidad de gente que había. En su pueblo solo vivía un centenar de habitantes y todos se conocían entre sí, incluso los perros y las cabras. En Cartago no solo había medio millón de cartagineses, sino que, además, había miles de extranjeros. Saponíbal y Aníbal se asombraron al oír hablar tantos idiomas distintos.

—¡Por Baal y Tanit! —exclamó de pronto Aníbal—. ¡Me ha parecido escuchar a alguien hablando latín! ¿Aquí hay romanos?

—Relájate —dijo Batbal—, era griego. Pero sí, aquí también hay romanos.

—¡Tenemos que matarlos! ¡Y rápido, antes de que nos maten ellos a nosotros!

—Nadie va a matar a nadie —respondió Batbal con firmeza—. Desde que el general Aníbal perdió la guerra, Cartago y Roma han hecho las paces.

—Oye, Bati —se apresuró a intervenir Saponíbal, antes de que su hermano pudiera seguir quejándose de los romanos—, ¿por qué hay tantos extranjeros en esta ciudad? ¿Han venido a ver los templos de Baal y Tanit?

—Algunos sí, pero la mayoría vienen por el mercado. Puedes comprar de todo en el mercado de Cartago, incluso elefantes.

El mercado de Cartago era el más grande del mundo y atraía a gente de sitios muy lejanos; algunas personas hacían incluso viajes de miles de kilómetros para conocerlo. Los mercaderes árabes y judíos iban al mercado de Cartago a vender especias, como pimienta y canela. Los griegos llevaban el mejor vino, así como perfumes,

vasijas y platos. Los de Egipto, Persia y la India llegaban a Cartago con joyas de oro y plata, telas delicadas, cristales y papiros. Y sí, había elefantes, que los traían desde la sabana africana.

—¡Me encantan los elefantes! —exclamó el chico—. El general Aníbal fue en elefante prácticamente hasta las puertas de Roma.

—¿Qué es ese olor tan raro? —preguntó Saponíbal intentando cambiar de tema.

—Es garo —explicó Batbal—, salsa de pescado podrido.

—¡¿La gente se come eso?! —exclamaron los hermanos al unísono.

—¡Está buenísimo! —replicó ella—. El mejor garo viene de España. Mezclan las vísceras de pescados pequeños con sal y lo dejan al sol durante un par de meses. Los mercaderes de Cartago viajan a España, traen tarros enormes llenos de garo, y luego otros mercaderes extranjeros vienen a Cartago para comprarlo. ¿Queréis probarlo?

—No, gracias. Creo que pasamos del pescado podrido. Preferimos el aceite de oliva.

—¡Pues estáis en el lugar adecuado! —sonrió Batbal—. No os podéis perder la tienda de aceite de oliva que hay en la calle de al lado. Compran el aceite a un mercader griego que sabe dónde conseguir el mejor aceite de oliva del mundo. En el mercado de Cartago se puede comprar de todo. **Por eso tanta gente viene aquí**, y por eso Cartago se ha convertido en la ciudad más rica del mundo.

—O sea —recapituló Aníbal—, vienen aquí para vender aceite de oliva, canela y elefantes, comprar salsa de pescado podrido y telas, y luego vuelven a su hogar, que puede ser Grecia o Arabia o donde sea, ¿no?

—En general, sí —confirmó Batbal—. Pero a veces se quedan más tiempo, puede incluso que toda la vida. Es lo que hizo mi abuelo.

—¡¿Tu abuelo?! —preguntó Aníbal, abriendo mucho los ojos por la sorpresa.

—Sí. Se llama Heráclito. Cuando tenía más o menos nuestra edad, vino al mercado de Cartago con su padre desde la ciudad griega de Éfeso. Pero se enamoró de una chica cartaginesa que conoció en el mercado, mi abuela, y se quedó aquí.

—¡Por Baal y Tanit! —exclamó Aníbal, como siempre—. Nos has engañado, ¡en realidad eres griega! ¿Por qué tienes un nombre cartaginés?

—Soy cartaginesa. Creo en Baal y Tanit, como vosotros —insistió ella—. Ni siquiera hablo griego, excepto por un par de palabrotas que he aprendido de mi abuelo. Suele hablar en fenicio, pero suelta algún taco en griego cuando se enfada mucho.

Aníbal se tranquilizó un poco.

—Bueno, al menos eres griega, y no romana. Los griegos son amigos nuestros, también odian a los romanos.

—¡Por Baal y Tanit! —exclamó esta vez Batbal—. ¡Que no soy griega! Que mi abuelo viniera en barco a Cartago no significa que yo sea extranjera.

—¿Sabes? —dijo Saponíbal mirando a su hermano a los ojos—. La abuela me contó una vez que, en realidad, todos los cartagineses originariamente vinieron a este lugar en barco. Dijo que este país antaño pertenecía a una tribu númida, pero entonces una reina llamada Elisa dirigió una expedición a esta zona desde Fenicia. Cuando Elisa y los fenicios llegaron aquí, el rey de la tribu local, Jarbas, les dijo que podían quedarse con todo el terreno que lograran cubrir con la piel de un solo buey. ¿Y sabes qué hizo la reina Elisa?

—¿Qué? —preguntó Aníbal.

—Mató un buey, lo despellejó y cortó su piel en tiras muy pequeñitas, y entonces rodeó un enorme terreno con esas finas tiras de piel. Así es como consiguió apoderarse del terreno y ahí es donde se construyó Cartago.

—Es verdad, recuerdo que nos lo contó la abuela. ¿Eso significa que, en el fondo, todos somos extranjeros que llegamos aquí desde otro país?

SOBRE LOS ÁRBOLES Y LOS HUMANOS

A veces no es fácil saber quién es extranjero y quién es autóctono. **Hay muchas personas que se van a otro país,** y puede que se queden a vivir allí y se casen con alguien de ese país. Y, aunque es imposible que se produzca un milagro que transforme los dientes de dragón en guerreros o que haga que las hormigas se conviertan en humanos, el tiempo puede conseguir que los extranjeros pasen a ser autóctonos de forma gradual.

Saponíbal y Aníbal reflexionaban en silencio sobre la historia de la reina Elisa. ¿Ese relato significaba que todos eran extranjeros? Al final, Batbal interrumpió sus cavilaciones:

—A mi abuelo, Heráclito, le gusta decir que los humanos no somos árboles: no tenemos raíces profundas que nos mantienen fijos en un lugar durante toda la vida. En su lugar, tenemos piernas y podemos ir de un sitio a otro. Y hemos creado carros y barcos, que nos permiten viajar aún más. Siempre que vamos a otro sitio, nos convertimos en personas ligeramente diferentes.

—¿A qué te refieres con «diferentes»? —preguntó Aníbal.

—Es como lo que le ocurrió al barco

47

de mi abuelo, el Teseo. Antes era de su padre, que lo construyó en Éfeso, pero se lo regaló a mi abuelo cuando se casó con mi abuela y se fueron a vivir juntos a Cartago. Un año más tarde, uno de los remos se rompió y mi abuelo lo reemplazó por uno que compró en el mercado de Cartago. **¿Dirías que el barco seguía siendo el Teseo o se había convertido en un barco diferente?**

—Seguía siendo el Teseo, es obvio —respondió Aníbal, muy seguro de sí mismo.

—Al año siguiente, se rompió otro remo y también lo reemplazó. ¿Seguía siendo el Teseo?

—Claro.

—Al tercer año, el barco sufrió daños por culpa de una tormenta y mi abuelo compró una nueva vela en el mercado. ¿Qué me dices ahora?

—Sigue siendo el Teseo —respondió el chico, pero ya no parecía tan confiado.

—Al año siguiente, tuvo que cambiar uno de los tablones del casco del barco porque había empezado a pudrirse. ¿Todavía es el mismo barco?

—Hum, sí, creo que sí. Solo es un tablón.

—Al año siguiente, cambió otro tablón.

—Sigue siendo el Teseo —afirmó Aníbal, que comenzaba a pensar que Batbal era la chica más lista que había conocido jamás.

—Cada año fue cambiando un tablón, hasta que del barco original solo quedaba uno, pero al final se rompió y mi abuelo lo tuvo que reemplazar. ¿Todavía es el Teseo?

—Creo que no —vaciló el chico—. Ya no queda nada del barco original de Éfeso, ¿no? Ni los remos, ni la vela, ni siquiera los tablones. ¿Acaso es el mismo barco?

—Pues dime una cosa —le pidió Batbal—: ¿en qué punto exactamente dejó de ser el Teseo y se convirtió en un barco diferente? ¿Al cambiar el primer remo? ¿El primer tablón? ¿O tal vez el último?

—Buena pregunta, Bati. No sé dónde trazar la línea que marca el cambio.

—Con la gente ocurre lo mismo. No siempre es fácil trazar la línea que diferencia a varios grupos de personas, y la gente a menudo cruza esa línea. Incluso un extranjero de un país muy lejano puede convertirse en tu familia. Cuando mi abuelo vino desde Éfeso, era griego. Yo, su nieta, soy cartaginesa. Igual que con el Teseo, ¡no es fácil decir en qué punto un griego se convierte en cartaginés!

—Ya te entiendo. —Aníbal sonrió—. Cuando gente de sitios diferentes se empieza a relacionar en el mercado, ya no es tan fácil saber quién es de fuera y quién es de aquí. Pero hay una cosa que no entiendo. ¿Cómo consiguen relacionarse los extranjeros en el mercado? ¿Cómo se venden los unos a los otros remos, velas, túnicas, aceite de oliva, salsa de pescado podrido e incluso elefantes? Son de países distintos y tienen idiomas, dioses e historias diferentes. ¿Cómo se ponen de acuerdo en las cosas o confían entre sí?

Batbal reflexionó durante unos segundos antes de responder:

—Creo que es porque, aunque no compartan el mismo idioma ni los mismos dioses, hay algo de lo que todos se fían y en lo que están todos de acuerdo. Es una de las cosas más extrañas e importantes del mundo.

—¿Qué es? —preguntó el chico.

—Vamos a una tienda y os lo enseñaré. ¿Queríais comprar algo en el mercado?

—¡Sí! —exclamó Saponíbal—. Tengo los zapatos destrozados. Me los hizo mi tío el año pasado, pero la verdad es que no es el mejor zapatero. ¿Crees que alguien accedería a hacerme un par nuevo?

—¡Claro! Aquí hay muchos zapateros. Vamos a mi preferido, Unamón. Es de Egipto y es buenísimo. Pero, cuidado: también es un poco gruñón.

—¿Estás segura de que me hará unos zapatos?

—Creo que podremos convencerlo —respondió Batbal guiñándole un ojo.

LA INVENCIÓN MÁS INGENIOSA DE TODOS LOS TIEMPOS

Cuando entraron en la tienda de Unamón, los dos hermanos alucinaron con todos los zapatos tan bonitos que tenía. A Saponíbal le gustó un par en concreto, así que lo señaló y se dirigió al zapatero con tono de voz simpático:

—Por favor, señor, ¿podría hacerme unos zapatos como estos de aquí?

—Hum… Tienes gustos caros, jovencita. Estos zapatos están fabricados con cuero egipcio que traigo desde Cocodrilópolis, en el valle del Nilo. ¡Y las hebillas están hechas de cobre puro de Chipre! ¡Son lo mejor de lo mejor!

—¡Qué bien! Mi tío me hizo mis últimos zapatos y dijo que yo solo me merecía lo mejor.

—¿Y cuánto te cobró tu tío por esos zapatos? —preguntó Unamón.

—¿Qué quiere decir? En nuestro pueblo, nos damos los unos a los otros todo lo que nos haga falta sin pedir nada a cambio.

—Pero esto no es tu pueblo y yo no soy tu tío. Y no estoy seguro de que puedas permitirte estos zapatos.

—Ah, ya lo entiendo. ¿Quiere que le dé algo a cambio de los zapatos?

—Sí, así es como funcionan las cosas en el mercado.

—Vamos a ver… —dijo Saponíbal, y empezó a rebuscar en su bolso.

—Qué bolso tan bonito —comentó Unamón—. Te lo cambio por los zapatos.

—¡¿Qué?! —se alarmó la joven—. Me lo hizo mi abuela justo antes de fallecer. Incluso lo decoró con unas florecitas y unos pájaros. No, no puedo dar el bolso a cambio de nada. Pero tengo unas conchas muy bonitas. Se las puedo entregar encantada.

El zapatero frunció el ceño.

—También tengo media rebanada de pan.

El hombre frunció el ceño con aún más intensidad.

—Y tengo cinco higos de mi pueblo. ¡Son muy dulces y jugosos!

—¿De verdad piensas que un par de zapatos de cuero valen solo cinco higos?

—Puedo traerle más, no es ningún problema. Tenemos un gran vergel lleno de higueras.

—¿Y cómo sabré a cuántos higos equivalen unos zapatos? ¿Cien? ¿Doscientos? ¿Mil? Además, a mí ni siquiera me gustan los higos. Si como demasiados, me da dolor de barriga.

—Pues no se los coma todos usted solo. Puede darles algunos a otras personas. Por ejemplo, si tiene que cortarse el pelo, puede ofrecerle unos cuantos al barbero.

—¿Y cuántos higos cuesta un corte de pelo? ¿Y si al barbero tampoco le gustan?

—¿Tal vez podría guardarse los higos hasta que encuentre un barbero a quien le gusten?

—¿Me estás tomando el pelo? —le espetó el hombre, enfadado—. Mis zapatos te durarán varios años, pero tus higos seguramente se pudrirán dentro de unos pocos días. No te pienso vender unos zapatos a cambio de higos. ¡Vete de mi tienda, estás haciéndome perder el tiempo!

—¡Un momento! —intervino Batbal, y se sacó una reluciente moneda de oro del bolsillo—. ¿Nos vendería los zapatos a cambio de esto?

—¡Ahora sí que estamos hablando! —exclamó el zapatero con una sonrisa, y aceptó la moneda encantado.

Le midió los pies a Saponíbal con mucho cuidado y le dijo que volviera al día siguiente para recoger los zapatos.

La chica estaba muy ilusionada, pero también un poco confundida.

—¿Qué es eso que le has dado al zapatero? ¿Y por qué ha accedido tan deprisa a vendernos los zapatos? Ha montado un buen jaleo con los higos, pero a ti no te ha preguntado nada sobre tu…, sobre tu… cosa.

—Esa cosa se llama dinero. Mira, quédate esta moneda —le explicó Batbal, y le tendió una moneda de oro—. *¡Es el invento más ingenioso de todos los tiempos!*

—¡Ostras, ya había oído hablar de esto! —exclamó la otra chica, girando la moneda en la mano—. Nuestros padres lo comentaban el otro día, pero nunca había visto una moneda. En nuestro pueblo no se usa el dinero. ¡Mira, Aníbal, tiene grabada una imagen de la diosa Tanit! ¡Y en el otro lado hay un caballo!

—¡Qué pasada! —se sumó su hermano a su entusiasmo—. Pero ¿cómo funciona? Es bonita, sí, pero ¿por qué ese zapatero egipcio cascarrabias tenía tantas ganas de conseguir una moneda? ¿Para qué sirve? ⤙⇀

LA HISTORIA DEL DINERO

Esta última pregunta de Aníbal era muy importante. En realidad, mucha gente sigue planteándoselo a día de hoy. No es fácil entender cómo funciona el dinero, pero casi todo está relacionado de una manera u otra con él. Puede que tus padres trabajen muchas horas cada día para ganar dinero (es lo que hacen la mayoría de los adultos gran parte de su vida). Y si les pides algo, como unos zapatos nuevos o ir a un parque de atracciones, quizá te digan: «Lo siento, no tenemos suficiente dinero». **Es muy probable que tú también uses dinero casi todos los días.** Puede que lo utilices para comprar la merienda, o tal vez te den unos dinerillos por tu cumple, o quizá estés ahorrando para comprarte algo especial, como un monopatín.

El dinero era el secreto de muchos de los grandes mercados que hubo a lo largo de la historia. **Es lo que posibilitó que grandes cantidades de extranjeros que no se conocían de nada pudieran llevarse bien, cooperar y acordar cuánto costaban las cosas.** Pero ¿qué es exactamente el dinero?

La gente se inventó distintos tipos de dinero a lo largo del tiempo y según la región, pero en todos los casos se basaban en el mismo principio: crear algo que todas las personas quisieran, así siempre se pondrían de acuerdo para intercambiarlo por zapatos, higos o monopatines. Cuando se creó el mercado de Cartago, la gente usaba como dinero fragmentos de metales preciosos, como oro y plata. Unos siglos más tarde, a los habitantes de Éfeso y de ciudades cercanas se les ocurrió usar estos materiales para acuñar bonitas monedas. Más tarde, los mercaderes griegos, como Heráclito y su padre, llevaron esa idea hasta Cartago, y los cartagineses empezaron también a acuñar sus propias monedas.

En otros países había distintos tipos de dinero: en muchas regiones de África oriental y del sur de Asia se usaban cauris, unas caracolas muy características que se encontraban en ciertas islas y costas, como dinero. En esos territorios, la gente vendía arroz, soja en grano o cerdos a cambio de estas caracolas. Se iban al mercado con una bolsa llena de cauris y los usaban para pagarse un corte de pelo, comprar zapatos o lo que sea que necesitaran.

En la época moderna, la mayoría de los países empezaron a usar billetes de colorines como dinero. Es probable que tú también utilices billetes, pero hoy en día casi todo el dinero del mundo no son monedas de metal ni billetes y, sin duda, tampoco son caracolas. ¿Sabes de qué está hecho la mayoría del dinero en la actualidad?

Pues está hecho de información electrónica almacenada en ordenadores. Si alguien tiene un millón de euros, no suele guardar un millón de monedas de un euro en su casa ni tampoco cien mil billetes de diez euros, sino que hay un archivo informático en un ordenador muy potente de algún banco que dice que esa persona tiene un millón de euros. Por eso, si quieres comprarte unos zapatos que cuestan cien euros, solo tienes que transferir esa cantidad en euros electrónicos a la cuenta de la tienda mediante tu tarjeta de crédito o haciendo clic en unos cuantos botones de tu ordenador o móvil,

y la tienda recibirá el dinero en cuestión de segundos, aunque esté en un país muy lejano. Entonces el archivo informático del banco se actualizará para decir que tienes cien euros menos, mientras que en el archivo informático del banco de la tienda constará que tiene cien euros más. Ahora la gente compra zapatos, bicis, casas e incluso naves espaciales desde todo el planeta moviendo dinero electrónico de un ordenador a otro.

Todas estas formas de dinero han facilitado el proceso de comprar y vender cosas. En lugar de ir al mercado con un carrito lleno de higos, simplemente puedes llevarte una cartera llena de monedas y billetes, o bien el móvil lleno de dinero electrónico. Y, a diferencia de los higos, es mucho más difícil que se pudran las monedas, los billetes, las tarjetas de crédito o el dinero electrónico.

Lo más importante tal vez sea que el dinero facilita el comercio porque todo el mundo quiere tener dinero. A Saponíbal le estaba costando que el zapatero le hiciera los zapatos porque no le gustaban los higos. En cambio, si entras en una tienda con dinero, seguro que hasta el zapatero más gruñón lo querrá.

Estamos tan acostumbrados al dinero que nos parece obvio que todo el mundo lo quiera, pero en realidad es algo muy raro. **¡A ningún otro animal le interesaría el dinero!** Si le dieras a escoger a un elefante entre un solo higo, una maleta con un millón de billetes de un euro y un cofre lleno hasta arriba de relucientes monedas de oro, el elefante se iría a por el higo sin dudarlo. Entonces ¿por qué los humanos valoramos tanto los billetes y las monedas de oro?

Porque nos han contado que tienen un cierto valor… y nos lo hemos creído. El dinero no es ni el oro ni los billetes ni las caracolas que le dan forma. En realidad, el dinero es una historia. Cuando ves dinero por primera vez en la vida, alguien te cuenta una historia.

—¿Ves esto? ¡Es muy valioso! ¡Equivale a mil higos! Si quieres una de estas monedas o uno de estos billetes, te tendrás que esforzar mucho para conseguirlo.

Y si tú te crees la historia, y toda la gente de tu alrededor también se la cree, al final esa moneda o ese billete adquiere un valor real.

En el fondo, el dinero es el relato de mayor éxito de la historia porque es el único en el que cree casi todo el mundo. Hay gente que no cree que los dientes de dragón puedan transformarse en guerreros ni que el dios Zeus pueda convertir las hormigas en seres humanos. Pero todo el mundo cree en el dinero, y, además, todo el mundo cree que el dinero puede convertir los higos en elefantes. Porque, si tienes suficientes higos, puedes venderlos a cambio de dinero y luego usar ese dinero para comprarte un elefante.

Es precisamente la historia sobre las monedas de oro (en lugar de las monedas en sí) lo que permitió que miles de extranjeros se entendieran en el mercado de Cartago. Incluso personas que no estaban de acuerdo en ninguna otra historia de pronto podían acordar cuánto costaban unos zapatos o un elefante. Siempre y cuando usaran el mismo dinero, los distintos pueblos podían cooperar y comerciar con higos, zapatos y elefantes. ⤳⊃

CONECTAR A EXTRANJEROS

Pero ¿qué hizo que la historia del dinero fuese tan convincente? Tal vez creas que es porque las primeras monedas eran muy bonitas. Estaban hechas de oro y plata reluciente, con imágenes de dioses y templos grabadas en ellas. Los billetes actuales están decorados con imágenes coloridas de dioses y templos, o bien de gente importante y edificios famosos, y también incluyen algún texto breve, como un poema cortito o una leyenda sobre monarcas o dioses. Por ejemplo, en Estados Unidos los dólares tienen un texto en inglés que dice «In God We Trust» y un texto en latín que dice «E pluribus unum». Es decir, «Creemos en Dios» y «De entre muchos, uno», respectivamente. De esta manera, indican que la historia del dios y del dólar estadounidenses une a mucha gente en un solo país: Estados Unidos.

Además, es habitual que las monedas y los billetes incluyan una serie de números muy larga y compleja que parece impresionante. El dinero electrónico que muchas personas usan hoy en día no tiene imágenes de ninguna divinidad, pero sí tiene un gran número de cifras complicadas para que la gente confíe en este sistema.

¿Hay alguna moneda o billete en tu casa? Pues échale un vistazo. Alucinarás con todas las imágenes, textos y números que la gente consigue meter en un objeto tan pequeño.

Pero eso no explica por qué unos perfectos desconocidos lograban ponerse de acuerdo sobre la historia del dinero. Al fin y al cabo, no todas las personas que había en el mercado de Cartago podían leer los textos de las monedas, puesto que algunas de ellas no sabían fenicio. De un modo similar, no toda la gente creía en la diosa Tanit, que a menudo aparecía en las monedas de Cartago. De hecho, en el mercado de Cartago se podían usar muchas monedas que no eran de esa ciudad. Se utilizaban también monedas de Atenas con una imagen de la diosa Atenea, monedas de Roma con una imagen de la diosa Venus… Así que lo que hacía que la gente creyera en el dinero no era una historia sobre una divinidad en concreto. ¿Qué era, entonces?

Para responder esta pregunta, volvamos con Saponíbal y Unamón. Cuando la chica regresó al mercado para recoger sus preciosos zapatos nuevos, le preguntó al hombre:

—¿Por qué quiere tanto estas monedas de oro, hasta el punto de acceder a trabajar un día entero a cambio de una sola moneda? ¡A mi hermano y a mí nos parece muy raro!

—Cuando llegué al mercado —empezó a explicar él—, a mí también me parecía extraño que la gente estuviera tan interesada en estas monedas. **Son bonitas, pero no se pueden comer ni beber, ¿verdad?**

—¡Exacto!

—Tienen grabadas imágenes de grandes dioses —continuó Unamón—, pero yo no creo en esos dioses. Yo creo en los dioses egipcios, en Amón, Osiris e Isis, mientras que la mayoría de las monedas que hay en el mercado tienen imágenes de Tanit o Atenea. En el mercado, la gente me contó un montón de historias maravillosas sobre las monedas, pero me costaba mucho entender qué me estaban diciendo porque no dominaba el fenicio.

—¿Y por qué le empezaron a gustar las monedas?

—Pues porque, aunque no entendía lo que me decía la gente, podía ver con mis propios ojos lo que hacían. Me di cuenta de que casi toda la gente del mercado quería conseguir monedas. Vi a comerciantes vendiendo higos a cambio de monedas. A barberos cortándole el pelo a sus clientes a cambio de monedas. A médicos curando enfermedades a cambio de monedas. Incluso vi a dos criminales que asesinaron a un hombre para conseguir un puñado de monedas.

—¡Por Baal y Tanit! —exclamó la chica.

—Sí, fue horroroso. Pero me ayudó a entender una cosa muy importante: aunque a mí las monedas me daban un poco igual, ¡si conseguía unas cuantas, podría adquirir cualquier cosa que quisiera! Podría comprar telas de los mercaderes indios, especias de los árabes, perfume de los griegos y salsa de pescado podrido de los cartagineses. Y desde entonces siempre he intentado conseguir tantas monedas como pueda.

—O sea —concluyó Saponíbal—, para utilizar dinero, en el fondo no hace falta que crea en él. ¡Solo tengo que creer que los demás creen en él!

Ese es el gran secreto del dinero. Así es como conecta incluso a extranjeros que no comparten el mismo idioma ni los mismos dioses. Cuando ves que los demás quieren dinero, tú también lo quieres. De hecho, tú con el dinero no puedes hacer nada. Pero, si tienes dinero, puedes conseguir que otras personas te den cosas o hagan algo por ti. En realidad, el dinero no está hecho de oro ni de papel ni de caracolas ni de información electrónica, sino de confianza. Si confías en que los demás quieren dinero, tú también confías en el dinero.

¿Y qué pasaría si un día la gente dejara de creer en el dinero? ¿Qué ocurriría si los zapateros se negaran a venderte zapatos a cambio de dinero y, asimismo, los barberos se negaran a cortarte el pelo a cambio de dinero? Pues que el dinero perdería todo su valor y desaparecería.

Puede ser que mañana te despiertes y la gente haya dejado de confiar en el dinero, y en ese caso los ahorros de toda tu vida no tendrían ningún valor. Tal vez tengas una montaña de monedas de oro, pero, si la gente ya no confiara en el dinero, las monedas no te servirían para conseguir ni unos zapatos. O quizá el ordenador diga que tienes mil millones de euros, pero con todo ese dinero no serías capaz de comprarte ni siquiera un higo.

LOS PELIGROS DEL DINERO

El dinero contribuyó a que los extranjeros del mercado de Cartago confiaran los unos en los otros y cooperaran. Hoy en día, sigue ayudando a que gente de todo el mundo coopere. Personas de la otra punta del planeta que no te conocen en absoluto están dispuestas a cultivar alimentos para ti, a escribir libros para ti, a actuar en películas para ti y a inventar medicamentos nuevos para ti. Gracias al dinero, dos personas de cualquier lugar del mundo pueden cooperar. No hace falta que crean en la misma historia sobre dioses; solo tienen que creer que los demás creen en el dinero.

Sin embargo, el dinero puede ser sumamente peligroso. En el mercado de Cartago a veces se oía la historia del rey Midas. Lo que más le gustaba a este rey de Frigia, cerca de Éfeso, era el dinero. Un día conoció a un hechicero que afirmó que podía darle lo que más quisiera en todo el mundo, y, tras pensarlo un rato, el rey respondió esto:

—Quiero muchísimas cosas, no es nada fácil escoger solo una. Mira, dame el poder de convertir en oro todo lo que toque. Así podré acuñar tantas monedas como me plazca y podré comprarme todo lo que quiera.

El hechicero rio antes de contestar:

—Su deseo ha sido concedido, Su Majestad. Ahora convertirá en oro todo lo que toque.

El rey Midas decidió ponerlo a prueba de inmediato. Cogió una piedrecilla y, al instante, se transformó en oro. A continuación, tocó un árbol enorme, y todo el árbol se convirtió en oro sólido. El rey estaba entusiasmado y les ordenó a sus criados que cortaran el árbol dorado y acuñaran un millón de monedas con él.

—Ya he ganado suficiente dinero por esta mañana —dijo, satisfecho—. Volvamos al palacio a comer. —Entonces se dirigió hacia su caballo favorito para subirse a él, pero el animal se volvió de oro en cuanto Midas lo tocó—. ¡Qué pena! —exclamó, sorprendido—. Pero da igual. ¡Ahora puedo comprarme todos los caballos del mundo!

El rey se fue andando al palacio y pidió la comida. Tenía mucha hambre, así que, mientras los cocineros preparaban su almuerzo, cogió una manzana de una de las mesas. Cuando se la llevó a la boca, la fruta ya se había convertido en oro, y el rey se rompió un diente al pegarle un mordisco.

—¡Ay, no! ¿Qué será de mí? ¡Si no puedo comer, me moriré de hambre!

A continuación, llamó al médico real para que le hiciera algún medicamento, pero el rey sin querer lo tocó y el hombre se convirtió en una estatua de oro.

Horrorizado, el rey soltó un fuerte grito y la reina fue corriendo a ver qué ocurría. Midas la abrazó y lloró sobre su hombro…, hasta que se dio cuenta de que la mujer estaba fría y en absoluto silencio. Acababa de convertir a su esposa en un objeto dorado sin vida.

Toda la gente del palacio le tenía miedo y huyeron de él tan rápido como pudieron. Los criados, los soldados e incluso sus hijos se marcharon, y el rey se volvió loco y se tiró al río desde una de las ventanas del palacio. En cuanto tocó el agua, esta se convirtió en oro sólido, y el rey murió del impacto sobre la reluciente y dura superficie. Solo entonces su reino se salvó del terrible poder de Midas.

La historia del rey Midas no es más que una leyenda. No hay ningún hechicero que pueda darte el poder de convertir en oro todo lo que toques. Pero tiene un mensaje muy importante: nos advierte de que, si queremos convertirlo todo en dinero para así poder comprarnos lo que queramos, seremos infelices y podríamos destruir el mundo. Con dinero no se pueden comprar ni amistades ni amor, ¿verdad?

El dinero ayuda a que la gente coopere, pero, si aprendemos a confiar únicamente en monedas y billetes, nuestro corazón se volverá tan duro como el oro, como si el rey Midas lo hubiese tocado. Tal vez veamos a un hombre pobre hambriento y decidamos no darle comida porque no nos puede pagar. O puede que veamos a una mujer temblando del frío y que no le demos ninguna prenda de abrigo porque no tiene dinero. O quizá veamos a una niña enferma y no le ofrezcamos ningún medicamento porque no dispone de monedas.

El dinero a veces hace que el corazón de las personas se vuelva duro y que la gente actúe con avaricia, y entonces tal vez hagan cosas aún peores que estas que acabamos de comentar. Un criminal podría atracar y matar a alguien solo para conseguir dinero. Países enteros podrían declararse la guerra para intentar ganar más riqueza. Esto es algo que los antiguos cartagineses entendían muy bien. El dinero los había ayudado a convertir Cartago en la ciudad más grande y próspera del mundo, pero la gente rica del mercado también atraía a enemigos extranjeros. El mercado que servía como lugar de encuentro entre personas de culturas distintas se acabó convirtiendo en un campo de batalla. Aníbal estaba en lo cierto al preocuparse por los romanos, porque un día llegaron a Cartago con un potente ejército… y no tenían ninguna intención de comprar zapatos. ✋

3

LOS DESCENDIENTES DE LOS MALOS

APRENDER
DE LOS ENEMIGOS

Los libros de historia están llenos de guerras. Y también los libros de fantasía sobre brujas con pociones mágicas y hechizos secretos. Asimismo, los juegos están repletos de guerras. Algunos niños se pasan muchas horas cada semana con juegos de guerras. Puede que a ti te guste jugar a un videojuego ambientado en la Antigüedad donde tú eres un guerrero y viajas por numerosos reinos con una espada en la mano. O tal vez surques el cielo entre estrellas y galaxias en una nave espacial, luchando con pistolas láser contra alienígenas.

Antes de que existieran los ordenadores, los niños jugaban a guerras con pistolas de plástico, espadas de madera o muñecos de soldados. Hace más de mil años, en la India se inventó el ajedrez, un juego que consiste en que dos ejércitos luchen entre sí hasta que muera el rey de uno de los dos bandos. Más tarde los persas adoptaron el juego, y por eso la expresión «jaque mate» proviene del persa «shah mat», que se traduciría por «el rey ha muerto».

En la vida real, las guerras han sido muy frecuentes a lo largo de la historia. **Pero no consistían solo en luchar y matar, sino que cada guerra era un encuentro.** Igual que en el mercado, en las guerras se conocían personas de distintos países, y esto las cambiaba en muchos sentidos. La gente veía las armas, la comida, la vestimenta, los juegos y los dioses de sus enemigos, y a veces los adoptaban. En ocasiones, también aprendían cosas muy importantes de sus peores enemigos.

En el ajedrez, ninguno de los dos ejércitos aprende nada del otro. Simplemente, se pelean hasta que un bando consigue matar al rey contrario. Cuando juegas a un videojuego y tienes que disparar a alienígenas, no aprendes nada de ellos y ellos tampoco aprenden nada de ti. Tú te limitas a matar a tantos aliens como puedas. ¿Alguna vez te has preguntado qué les pasa a los aliens de los videojuegos o a los peones del ajedrez cuando se termina la partida?

Para entender qué ocurre en la vida real cuando dos o más países se enfrentan, vayamos otra vez a la antigua Cartago y veamos qué sucedió cuando llegaron las legiones romanas.

SE ACERCA EL IMPERIO

Cartago ya estaba acostumbrada a las guerras. Aunque habían construido un puerto y un mercado para recibir a los mercaderes extranjeros, también construyeron una muralla alrededor de la ciudad. Usaban el oro y la plata para acuñar monedas, pero además empleaban el hierro para fabricar espadas. Cartago atraía a mercaderes de países muy lejanos…, así como a numerosos enemigos.

Sus peores enemigos eran los romanos. Es probable que hayas oído hablar de ellos, puesto que levantaron uno de los imperios más grandes de la historia. Pero ¿qué es exactamente esta cosa llamada «imperio» que forjaron los romanos? **Un imperio surge cuando un pueblo conquista muchos pueblos extranjeros y los obliga a obedecer sus órdenes.** Los romanos conquistaron cientos de pueblos extranjeros y los obligaron a todos a seguir sus órdenes y a pagarles impuestos. Y entonces toda esta gente empezó a hablar en el idioma de los romanos: el latín. Así es como el latín ganó tanta relevancia, y explica por qué a día de hoy algunos países escriben textos en este idioma en sus billetes y monedas, y también por qué se usa el latín para ponerle nombre a muchas cosas, desde virus hasta humanos. Por ejemplo, en latín «virus» significa «veneno», y la palabra latina «homo», que significa «humano», es el término científico que tenemos para referirnos a nuestra especie.

Ha habido muchos otros imperios a lo largo de la historia, como el chino, el árabe, el español y el británico. Por eso tanta gente habla esos idiomas en la actualidad. Seguro que tienes algún antepasado que vivió en alguno de estos imperios.

Los romanos querían añadir Cartago a su territorio, y libraron varias guerras contra ellos. En la más grande de todas ellas, el general cartaginés Aníbal ganó muchas batallas y llegó hasta las puertas de Roma con su ejército y sus elefantes de guerra…, pero los romanos al final lo vencieron. Entonces le tocó al ejército romano intentar llegar a las puertas de Cartago.

Tras vencer a Aníbal, Roma era mucho más fuerte que Cartago, pero esta seguía siendo una ciudad rica y grande con un elevado número de soldados y armas. Los cartagineses tenían decenas de miles de espadas de hierro, decenas de barcos de guerra muy potentes y alrededor de dos mil catapultas de hierro y madera que

podían lanzar enormes piedras a cientos de metros, para así destrozar por completo casas y barcos.

Los romanos sabían que sería difícil conquistar Cartago recurriendo únicamente a la fuerza, así que los engañaron: les ofrecieron la opción de hacer las paces, pero primero los cartagineses tenían que entregar todas sus armas.

—Si tenemos paz, ¿para qué necesitáis las armas? —argumentaron los romanos.

Los cartagineses no estaban seguros de si podían confiar en su palabra, pero estaban hartos de la guerra y sabían que Roma ahora era más fuerte que ellos, de modo que aceptaron su propuesta. Recopilaron todas las espadas, los barcos de guerra y las catapultas, y a continuación los destruyeron o bien se los entregaron a los romanos.

Entonces los romanos añadieron un detalle importante...

—Ay, se nos había olvidado comentaros otra condición: **solo haremos las paces con vosotros si abandonáis Cartago y os vais a otro lugar.** Estaremos en paz cuando hayamos quemado vuestra ciudad.

Los cartagineses estaban consternados. Cartago era su hogar desde hacía varios siglos. Les encantaban las calles donde los vecinos se encontraban y charlaban, las plazas donde los niños jugaban, los templos de Baal y Tanit donde rezaban, las playas donde recogían conchas y el colorido mercado donde compraban zapatos y salsa de pescado podrido.

Además, ahora sabían que los romanos eran unos mentirosos. ¿Cómo iban a confiar en ellos? Tal vez, después de quemar Cartago, querrían convertirlos a todos en esclavos. Puesto que los cartagineses no deseaban terminar así, decidieron quedarse en su ciudad y luchar, a pesar de que no tenían espadas ni catapultas ni barcos de guerra.

La gente trajo sartenes y cacerolas de sus cocinas, y fundieron el hierro para hacer espadas. Desmontaron sillas, mesas, camas y puertas, y usaron la madera para hacer nuevas catapultas. Incluso derribaron casas enteras y usaron las largas vigas de madera para construir nuevos barcos.

Para los barcos y las catapultas también necesitaban cuerda flexible, pero ¿de dónde podrían conseguir suficiente material? No tenían tiempo para viajar a países lejanos y comprarla. Así pues,

todos los cartagineses
—hombres, mujeres, niños
y niñas— que tuvieran el pelo
largo se lo cortaron para crear cuer-
das. De pronto, se puso de moda ir rapa-
do, incluso en el caso de las mujeres y las chicas, como Batbal y Saponíbal. Todas las personas
que sabían blandir una espada, izar una vela o sujetar
un remo, como el joven Aníbal, se unieron al ejército o a la
armada. Los cartagineses estaban decididos a salvar su querida
ciudad y a enseñarles una lección a los romanos.

¿Qué crees que sucedió a continuación? Pues resultó que los
romanos eran demasiado fuertes para ellos. El enorme ejército romano, comandado por el general Escipión, derrotó a los valientes cartagineses. Los soldados de Escipión traspasaron las murallas de
Cartago y entraron en la ciudad como un torrente de agua tras rom-
perse las compuertas de una presa. Durante seis días, los romanos
fueron de calle en calle matando a cualquier persona con la que se
cruzaran y quemando todas las casas. Los arqueólogos modernos
han encontrado numerosos restos de este horroroso ataque, como
casas derruidas, grandes piedras redondas lanzadas por catapultas, muchas puntas de flecha y esqueletos humanos enterrados
bajo los escombros.

Al final, Escipión les ordenó a sus soldados que dejaran de matar
a los cartagineses, y esclavizaron a unas cincuenta mil personas
que habían sobrevivido a los ataques, las enviaron a Roma y a otros
territorios, y las vendieron a cambio de un puñado de monedas de
oro. Una chica como Saponíbal, que antes era feliz y libre en su pue-

blo, podría haber terminado siendo esclava de una familia romana adinerada.

Los romanos permitieron a algunos cartagineses la posibilidad de vivir en las pequeñas localidades que había en las afueras de Cartago. Tal vez Aníbal, el hermano de Saponíbal, regresó a su pueblo acompañado de Batbal. Estaban muy tristes por cómo habían terminado tanto Saponíbal como la ciudad de Cartago, pero tenían la esperanza de que las cosas mejorarían tarde o temprano. Mientras tanto, la vida en el pueblo era complicada. Escipión les permitió vivir allí a cambio de que pagaran muchos impuestos a Roma y tras prometer que nunca intentarían reconstruir Cartago. Esa gran ciudad que había sido el hogar de cientos de miles de personas ahora no era el hogar de nadie, salvo de arañas, escorpiones y lagartijas.

Puede que este final te parezca decepcionante. **Estamos acostumbrados a que las historias tengan un final feliz,** donde los malos y los mentirosos pierden. Así son las historias que nos encontramos en los libros y las películas. Los malos parecen muy poderosos y hacen muchas cosas injustas, pero entonces llega un héroe, como Spider-Man o Wonder Woman, y, contra todo pronóstico, al final ganan los buenos. Por supuesto, en la mayoría de las pelis de acción al principio los buenos van perdiendo. Sería muy aburrido si Spider-Man venciera al malo en los cinco primeros minutos de la peli. En general, lo que pasa es que el malo engaña a Spider-Man, y puede incluso que lo capture y lo meta en la prisión más segura de todos los tiempos…, pero Spider-Man encuentra una forma de escapar, o tal vez Wonder Woman acude a rescatarlo, y en el último momento logran vencer al malo. Por desgracia, en la vida real las cosas no son así. A veces ganan los malos.

ESCUELAS DE GLADIADORES

Los romanos no solo vencieron a los cartagineses, sino también a los griegos, los judíos, los egipcios, los británicos y a cientos de pueblos más. Quemaron muchas ciudades y convirtieron en sirvientes o esclavos a prácticamente todas las personas con las que se encontraron. Así es como construyeron el Imperio romano. La gente contaba historias horrorosas sobre los romanos en muchos territorios distintos…, pero tenían que hablar en voz baja para que los romanos no los oyesen y los castigaran.

Si Saponíbal, ahora esclavizada, conocía a otros niños esclavos, todos ellos podrían contar historias terroríficas entre susurros.

—Cuando los romanos destruyeron Cartago —dijo Saponíbal—, me convirtieron en esclava y me mandaron a Roma, donde un romano rico me compró en el mercado por cien monedas de oro. Debo hacer todo lo que él me mande. Me levanto cada día mucho antes de que salga el sol para preparar el desayuno de toda la familia. Si tengo suerte, me dejan comer las sobras. Luego debo lavar los platos, limpiar el suelo, hacerles la colada, ir a buscar agua al pozo… Si ven que me tomo una pausa sin permiso, me pegan. Mucho después de que haya anochecido, cuando ellos ya están roncando, he de prepararles la ropa limpia para el día siguiente. Cuando al fin me acuesto, duermo en el suelo con mi ropa sucia al lado de su perro grande y maloliente. Y no me pagan ni una sola moneda de oro porque soy su esclava.

—A mí también me capturaron y esclavizaron los romanos —comentó un chico judío—. Me obligan a trabajar en una mina de oro. Tengo que ir cada día y excavar para ver si encuentro oro. Es un túnel muy profundo que han construido dentro de una montaña enorme. No hay luz y apenas llega un poco de aire. Cuando termino de trabajar y subo a la superficie, el sol ya se ha puesto. Los romanos me dan pan mohoso para comer y se quedan todo el oro que encuentro. Con ese oro acuñan monedas, pero a mí nunca me entregan ninguna. Ellos se enriquecen sin hacer nada, mientras que yo me paso el día trabajando y continúo siendo muy pobre.

Entonces un chico griego les contó que los romanos quemaron su ciudad, lo separaron de sus padres y lo vendieron a una escuela de gladiadores.

—Como les encantan los combates de gladiadores y no quieren poner en riesgo su vida, ¡capturan a extranjeros para que sean gladiadores! En la escuela de gladiadores nos enseñan a luchar usando una espada o una lanza, y luego nos llevan a un gran anfiteatro y nos obligan a luchar contra leones u osos. Da mucho miedo… Yo solo tengo una espada pequeñita para enfrentarme a unos animales enormes y feroces, y mientras tanto los romanos se sientan en las gradas y gritan, comen y ríen. Hace un mes, a uno de mis mejores amigos lo mató un oso, ¡y los romanos se echaron a reír! Pero lo peor de todo es cuando nos obligan a luchar contra nuestros amigos de la escuela. Y, si dos amigos se niegan a luchar, los romanos los matan a ambos.

NO PASA NADA CUANDO LO HACEMOS NOSOTROS

Si eres como la mayoría de los humanos, seguramente te parezca que los imperios son muy injustos. ¿Te gustaría obedecer a unos extranjeros que te obligan a lavar su apestosa ropa interior o a luchar contra tus amigos? A los seres humanos nos encanta ser libres. **Aunque una persona sea muy fuerte y poderosa, no es justo que se meta con los más débiles**, destruya sus ciudades y los esclavice.

Así pues, la mayoría de nosotros estamos de acuerdo en que los imperios son injustos, pero hay una excepción: cuando una nación

se vuelve muy fuerte y consigue conquistar a un imperio, siempre piensan que su imperio es perfectamente válido. Es como si un niño odia que se metan con él en el cole, pero, en cambio, no pasa nada cuando es él quien importuna a los demás.

Los cartagineses odiaban el Imperio romano y no les gustaba tener que obedecer sus órdenes. Sin embargo, **antes de que los conquistaran los romanos, los cartagineses habían tenido su propio imperio** y habían tratado con crueldad a muchos otros pueblos. El territorio donde los colonos fenicios construyeron la ciudad de Cartago antes pertenecía a las tribus númidas. ¿Te acuerdas de la leyenda sobre la reina Elisa, que se apoderó de las tierras tras engañar al rey Jarbas con mucho ingenio? Pues eso no es más que un cuento. En realidad, lo más probable es que los fenicios ocuparan el terreno a la fuerza.

Más adelante, los cartagineses conquistaron numerosos terrenos en el norte de África y varias islas más lejanas, como Sicilia, Cerdeña y Córcega, y su famoso general Aníbal incluso conquistó algunas zonas de España. Destruyeron ciudades y esclavizaron a una gran cantidad de gente, del mismo modo que los romanos al final destruyeron Cartago y esclavizaron a sus habitantes.

Los griegos también tenían un imperio antes de que los romanos los conquistaran. El griego Alejandro Magno libró muchas guerras, destruyó numerosas ciudades y construyó un imperio que iba desde Grecia hasta la India. Allí vieron que la gente usaba elefantes de guerra, copiaron la idea y la extendieron a los cartagineses y los romanos.

Incluso los judíos tuvieron un imperio, o al menos eso es lo que les gustaba pensar. Contaban que, cuando llegaron a Canaán, la zona estaba habitada por otros pueblos, como los cananeos y los amorreos, pero los judíos los conquistaron, mataron a mucha gente, esclavizaron a otras tantas personas, y quemaron sus ciudades o se apropiaron de ellas. Los judíos se sentían especialmente orgullosos de haber ocupado la célebre ciudad de Jerusalén. Decían que el rey David, el rey judío más destacado de la historia, conquistó la ciudad, mató o esclavizó a los ciudadanos, y convirtió Jerusalén en la capital del Imperio judío. Más tarde, los romanos les arrebataron la ciudad, y también mataron y esclavizaron a muchos judíos. Entonces los judíos se quejaron de la crueldad de los romanos, pero ellos mismos se animaban los unos a los otros contando historias sobre lo bien que iba todo en la época dorada del Imperio judío.

—Ay —podría lamentarse un judío—, ¡nosotros también teníamos un imperio! El gran rey David ganó muchas guerras. ¡Recemos para que algún día llegue un nuevo rey como él y volvamos a tener un imperio!

Algunos judíos sabios advertían de que quizá no deberían rezar por eso, sino que habría que rezar para que no hubiera guerras ni tampoco ningún imperio:

—Si no te gusta que te conquisten y te esclavicen, ¿por qué quieres hacérselo a otras personas?

En prácticamente todo el mundo había gente sabia que opinaba lo mismo. En realidad, es muy sencillo: **no hagas a los demás lo que no te gusta que te hagan a ti.**

Puede que parezca obvio, pero durante varios milenios las personas no eran muy sabias y no estaban de acuerdo con esta idea. Lloraban con amargura si alguien intentaba conquistarlos, pero se enorgullecían cuando ellos conquistaban a otros pueblos. No ha sido hasta las generaciones más recientes que la mayoría de la gente de todo el mundo ha empezado a aceptar que todos los imperios son malos, y que no es motivo de orgullo que tu pueblo logre con-

quistar otros territorios. Aunque nuestro pueblo sea muy fuerte y consiga construir un imperio, sigue sin ser justo, y no deberíamos hacerlo. No solo son malos los imperios de los demás, sino también el nuestro.

CONVERTIRSE EN ROMANOS

Pero la historia es muy complicada. A muchas de las personas que fueron conquistadas por un imperio al final les terminó gustando pertenecer a dicho imperio. Por ejemplo, después de que el Imperio romano conquistara Cartago, muchos cartagineses empezaron a pensar que el Imperio romano era algo bueno e incluso comenzaron a describirse a sí mismos como «romanos».

¿Cómo es posible? Si un día un compañero de colegio se mete contigo, te pega y te roba, ¿al día siguiente empezaría a caerte bien? Claro que no. Sin embargo, el tiempo es como un mago muy poderoso capaz de cambiar prácticamente cualquier cosa. El tiempo puede convertir el amor en odio y el odio en amor. También consigue que la gente olvide sus recuerdos más importantes y que se acuerde de cosas que no han pasado nunca. Con el tiempo suficiente, la gente puede olvidar su idioma, sus dioses y sus juegos, y adoptar el idioma, los dioses y los juegos del imperio que los ha conquistado. Esto es lo que les pasó a los cartagineses.

Después de que Escipión destruyera Cartago, durante un siglo la ciudad quedó reducida a un montón de ruinas cuyos únicos habitantes eran las arañas y los escorpiones. Pero entonces un general romano llamado Julio César decidió reconstruirla. Ordenó que quitaran de en medio las ruinas, construyeran casas y templos y abrieran un puerto. Los escorpiones y las arañas tuvieron que mudarse de allí, y su lugar lo ocuparon romanos pobres que no tenían ningún terreno en Roma. Además, Julio César permitió que los cartagineses que vivían en las localidades más cercanas se mudaran a la nueva Cartago. Tal vez eso fue lo que hizo uno de los nietos de Aníbal y Batbal.

Julio César fue asesinado, y su sobrino nieto Augusto se convirtió en el nuevo emperador. Augusto continuó reconstruyendo Cartago, y romanos y cartagineses pasaron a ser vecinos en esta nueva ciudad. Paseaban por las mismas calles, iban a las mismas tiendas e incluso rezaban en los mismos templos. Sus hijos a veces jugaban juntos en las plazas y recogían conchas en la playa. De vez en cuando, una chica romana y un chico cartaginés se enamoraban, y tal vez se casaban y tenían hijos. Cartago prosperó, y un siglo más tarde volvía a ser una de las ciudades más grandes del mundo. Llegados a ese punto, era difícil distinguir entre los cartagineses y los romanos. Mucha gente tenía un abuelo de Cartago y otro de Roma.

Los cartagineses aprendieron latín. Era mucho más útil que el fenicio, porque en todo el Imperio se hablaba ese idioma. Hoy en día, si hablas inglés puedes comunicarte no solo con los ingleses, sino también con gente de Canadá, Grecia, Brasil y Nigeria. De un modo similar, si hablabas latín en la época del Imperio romano, podías entenderte no solo con los romanos, sino también con gente de muchos otros territorios.

Los cartagineses incluso le cogieron gusto a algunos juegos romanos y les encantaba el teatro. El teatro era muy importante en Roma, así que quisieron que la nueva Cartago tuviera uno, y trajeron a actores desde la capital para que representaran las mejores obras. Tanto romanos como cartagineses iban en masa a verlas. Veían tragedias juntos y lloraban cuando separaban a los niños de su madre. Veían obras dramáticas juntos y aplaudían cuando los buenos ganaban a los malos. Y veían también comedias juntos y se reían a carcajadas cuando alguien se tiraba un pedo en el escenario.

Los cartagineses se iban convirtiendo en romanos con el paso del tiempo, pero en paralelo los romanos aprendían muchas cosas de todos los pueblos que conquistaban. Una de las cosas que los romanos adoptaron de otro pueblo fue precisamente el teatro. Pero, espera, ¿no acabamos de decir que los romanos llevaron el teatro a Cartago? Sí, pero en realidad el teatro no se originó en Roma. Lo crearon los griegos, y cuando los romanos conquistaron algunas ciudades griegas, como Atenas y Éfeso, y vieron que la gente de ahí se lo pasaba genial en el teatro, decidieron construir uno en Roma. Trajeron a actores griegos para que actuaran en la capital y a dramaturgos griegos para que escribieran nuevas obras. En Roma la gente a menudo bromeaba con que ellos habían conquistado a Grecia con la espada, pero ¡después los griegos los conquistaron a ellos con el teatro!

El teatro se fue extendiendo por todo el Imperio romano, y ya no eran solo los griegos y los romanos quienes actuaban y escribían obras. Uno de los mejores dramaturgos del Imperio era cartaginés. Desconocemos su nombre original, pero sí sabemos que su madre

era esclava. De pequeño, lo vendieron a un romano rico llamado Terencio Lucano y a partir de entonces el chico pasó a conocerse como «el esclavo de Terencio Lucano» o, simplemente, Terencio.

Terencio era muy inteligente y aprendió latín tan bien que su amo decidió liberarlo. En la adolescencia, al chico ya le fascinaba el teatro. Puede que le gustara tanto porque incluso un esclavo puede convertirse en rey durante una hora sobre un escenario. Terencio empezó a escribir obras que se representaban en Roma y en otras ciudades. La mayoría de sus obras de mayor éxito tenían un elemento en común: el protagonista era un chico pobre o esclavo que descubría que, en realidad, provenía de una familia rica y poderosa. Por ejemplo, en la obra La muchacha de Andros, una chica pobre llamada Gliceria resulta que en realidad es hija de un noble adinerado de Atenas. A Gliceria la separaron de su padre cuando era pequeña y no descubrió su verdadera identidad hasta que fue mayor. No es de extrañar que al esclavo cartaginés Terencio le encantara inventarse historias sobre chicos pobres que descubren que son hijos de personas ricas y poderosas.

Tampoco es sorprendente que estas historias gustaran a tanta gente. Las obras de Terencio se representaron durante varios siglos, y en las escuelas muchas veces se usaban para enseñar latín, ya que el dramaturgo tenía un excelente dominio del idioma. A día de hoy, sigue habiendo muchas personas que sueñan con que su vida experimente un giro de guion como en las obras de Terencio y descubran de pronto que son el hijo perdido de un multimillonario o de un rey. Por ello, en los teatros se siguen representando sus obras y la gente continúa admirando su estilo.

TODO EL MUNDO ES ROMANO

Terencio no fue el único cartaginés que tuvo éxito en Roma. Unos trescientos cincuenta años después de que los romanos destruyeran Cartago, **un cartaginés llamado Septimio Severo hizo algo que habría alucinado a Aníbal, Batbal y Saponíbal…, y también a los romanos.** Vamos a escuchar a escondidas una conversación imaginaria entre dos chicas romanas para descubrirlo:

—¿Te has enterado? —preguntó Casia.

—No —respondió su amiga Herodías—. ¿Qué ha pasado?

—¡Un cartaginés se acaba de convertir en emperador de Roma! —exclamó la primera.

—¿Cómo es posible?

—Bueno —empezó Casia—, tras el asesinato del último emperador, los generales del ejército empezaron a luchar entre sí sobre quién debía ser el siguiente emperador. Y me acaban de contar que ganó Septimio Severo y ahora es el emperador.

—¿De dónde es?

—Su madre es de familia romana… —dijo Casia.

—¡Entonces sí que es romano! Pero ¿no habías dicho que es cartaginés?

—¡Deja que termine! Su madre es romana, pero la familia de su padre es de Cartago. Dicen que Septimio hablaba fenicio en casa, ¡no aprendió latín hasta el colegio! Luego se alistó en el ejército romano y fue subiendo de categoría hasta llegar a general.

—¡No me digas! —exclamó Herodías—. O sea, un cartaginés se convirtió en general romano, como Escipión y Julio César, y ahora es nuestro emperador… ¡Por Júpiter y Marte, cómo cambian las cosas!

Era un giro de guion muy sorprendente. Es como si el ejército negro del ajedrez venciera al ejército blanco y matara al rey blanco, pero entonces un peón blanco fuera subiendo de categoría hasta llegar a convertirse en el nuevo rey negro.

Unos años más tarde, las dos chicas volvieron a encontrarse, y esa vez fue Herodías la que sorprendió a Casia.

—¿Te has enterado? —preguntó Herodías.

—¿Qué ha pasado?

—Bueno, después de que Septimio Severo muriera, ya sabes que su hijo Caracalla se convirtió en el emperador y…

—¡Eso lo sabe todo el mundo, fue hace un año! —la interrumpió Casia.

—Sí, claro, pero ¡deja que termine! ¡Seguro que no sabes lo que ha hecho Caracalla ahora! ¡Le ha concedido la nacionalidad romana a todos los habitantes del Imperio! Excepto a los esclavos, obvio. O sea, ¡que todas las personas libres del Imperio romano son ahora romanas!

—¿Eso quiere decir que los griegos y los judíos ahora son romanos?

—Exacto —confirmó Herodías—. Y los cartagineses también.

—Qué lío… ¡Por Júpiter y Marte, cómo cambian las cosas!

EL CHICO QUE SE CONVIRTIÓ EN EMPERADOR

Mucha gente de todo el Imperio se alegró de que Caracalla les diera la nacionalidad romana a todos. Pero había una persona a quien no le caía especialmente bien el emperador: el comandante de su propia guardia personal, Macrino. De acuerdo con algunos historiadores, Macrino quería ostentar el título de emperador. «¿Por qué debería limitarme a aceptar unas pocas monedas de oro por parte de Caracalla, a cambio de proteger su vida, cuando podría matarlo, convertirme en emperador y conseguir todo el oro del Imperio?», se decía.

Un día, Caracalla estaba de viaje y tenía que ir al baño. El emperador se escondió detrás de un arbusto y se quitó los calzoncillos, y Macrino aprovechó la situación para enviar a alguien para que lo apuñalara. Entonces él se convirtió en el emperador y se hizo con todo el oro del Imperio, pero también terminó con un gran número de preocupaciones. Era consciente de que ahora había mucha gente que quería acabar con él para así convertirse en emperador. Siempre tenía miedo de que algún general o guardia lo asesinase (quizá cuando fuese al baño) y no sabía si el hecho de contratar a más guardias lo protegería o lo pondría aún más en riesgo. «Podría pagar a tantos guardias como me apeteciera, pero ¿quién me protegería de ellos?», pensaba.

Así que debió de llevarse una buena sorpresa cuando perdió el Imperio por culpa de un chico de catorce años llamado Vario. El adolescente vivía en Emesa, una pequeña localidad de Fenicia, la región de donde eran los primeros colonos de Cartago. La sorpresa seguramente no se la llevó solo Macrino, sino también todo el mundo cuando les llegó la noticia.

—¡¿Te has enterado?! —exclamó Casia.

—Uf, ¿y ahora qué ha pasado? —suspiró Herodías.

—Tenemos un emperador nuevo, ¡un chico fenicio de catorce años!

—¿Qué? ¿Otro emperador nuevo? Pero ¿cómo? Pensaba que el emperador era Macrino. ¡Ni siquiera ha pasado un año desde que mató a Caracalla! ¿Y ahora le ha arrebatado el título un chico de catorce años? ¡Tiene que ser coña!

—El chico, que se llama Vario, empezó a decir que es el hijo perdido de Caracalla y que el emperador debería ser él, en lugar de Macrino. En realidad, lo que cuentan es que esta historia se le ocurrió a su abuela, Julia Mesa. Parece ser que quería que su nieto fuese emperador.

—¿De verdad que Vario es hijo de Caracalla?

—Yo qué sé —respondió Casia—. Pero parece que mucha gente piensa que es así.

—Pues quizá es cierto —musitó Herodías—. La semana pasada vi una obra de Terencio sobre un chiquillo pobre que de golpe descubría que su padre era un tipo muy importante. Si pasa en los escenarios, ¿por qué no iba a ocurrir en la vida real?

—Bueno, cuando Macrino se enteró, envió a unos soldados a matar a Julia Mesa y a Vario, pero muchos de los soldados se empezaron a creer la historia del chico.

—Quizá —reflexionó Herodías— a los soldados les encantan el teatro y las historias sobre hijos perdidos que encuentran a su verdadera familia.

—Quizá sí. La cuestión es que hubo una gran batalla. Los soldados que apoyaban a Vario vencieron a los seguidores de Macrino, y entonces lo mataron y nombraron a Vario el nuevo emperador.

—¿Y dices que el chico es fenicio?

—Proviene de esa región —explicó Casia—, pero parece ser que es medio árabe. ¿Qué más da? Los árabes también son romanos.

—¡Por Júpiter y Marte! —exclamó Herodías—. ¡Cuánto cambian las cosas!

LA BODA DEL NUEVO EMPERADOR

Es decir, además de que ahora todos eran romanos, prácticamente cualquiera podía llegar a ser el emperador de Roma, incluso un chiquillo medio árabe de catorce años proveniente de Fenicia. **Pero Vario no tardó en descubrir que ser emperador no era de color de rosa.** Su abuela, Julia Mesa, le iba detrás todo el día para que se quedara quietecito escuchando los largos discursos de los políticos, o le hacía responder a cartas de gobernadores y calcular al detalle los impuestos que tenía que pagar la gente y cuánto dinero debía darles a los soldados y los guardias. Creía que eso es lo que debía hacer un emperador, pero el chico tenía otros planes. «¿De qué sirve ser la persona más poderosa de todo el mundo si no puedes divertirte?», reflexionaba.

—¿Te has enterado? —le dijo Herodías a Casia.

—¡Sí! —sonrió Casia—. ¡He oído que el emperador Vario ha dejado de ir al Senado a escuchar los discursos de los políticos y que se pasa todo el tiempo participando en carreras de cuadrigas y organizando fiestas superextravagantes!

—¡Pues yo he oído que se casa!

—¡¿Otra vez?! —exclamó Casia—. A este chico le encantan las bodas. ¿Cuántas lleva ya?

—A ver… —Herodías fue contando con los dedos—. Primero se casó con Julia Cornelia Paula. Luego se divorció y se casó con Julia Aquilia. Entonces se divorció otra vez y se casó con Annia Aurelia. Y más tardé se divorció y volvió a casarse con Julia Aquilia.

—¿Eso cuenta como cuatro esposas o como tres?

—¡Y no te olvides de los maridos!

—¡Uy, claro que no! —replicó Casia con una sonrisita—. ¡Fue la comidilla de la ciudad durante un mes! La gente decía que Vario había ido a una carrera de cuadrigas y que uno de los participantes, un tal Hierocles, tuvo un accidente con su cuadriga y cayó justo delante del asiento del emperador. Se le salió el casco por el golpe, y el emperador quedó cautivado por su bonito pelo rubio. Se enamoró de él al instante y se casaron al cabo de poco.

—Pero luego lo dejó —añadió Herodías— y se casó con ese atleta griego que se llamaba Zotico, que era de un pueblo cercano a Éfeso.

—No, creo que todavía está casado con Hierocles —comentó Casia—. Y con Julia Aquilia, claro. ¡Y eso que solo tiene dieciocho años! Además, he oído que ya no quiere que lo llamen «emperador». Ahora prefiere que lo llamen «emperatriz».

—¿Qué? —preguntó Herodías, alucinando.

—Hace poco, alguien lo saludó con un «¡Buenos días, señor emperador!», y Vario le espetó: «No me llames "señor", soy una dama».

—¡Por Júpiter y Marte! ¡Cuánto cambian las cosas!

Vario se pasaba el día en las carreras, en fiestas y en bodas. Su abuela, Julia Mesa, estaba muy decepcionada con él y pensaba que había escogido al nieto equivocado para ser emperador. Así pues, les pagó a los guardias una buena cantidad de dinero para que se deshicieran de Vario y le dijo a todo el mundo que tenía otro nieto, un chico llamado Alejandro, que también era hijo perdido de Caracalla. Y nombraron a Alejandro el nuevo emperador. Por aquel entonces, el chaval tenía trece años y, a diferencia de Vario, siempre hacía caso a su abuela. Alejandro sabía que nadie podía meterse con Julia Mesa…, ni siquiera el emperador de Roma.

UN NUEVO DIOS

Cuando Julia Mesa y sus nietos llegaron a Roma desde Emesa para gobernar el Imperio, trajeron algo con ellos: un dios llamado El-Gabal. Era la principal divinidad de Emesa, donde se decía que era el dios del sol. En el centro de Emesa había un gran templo en su honor que contenía una piedra negra que la gente aseguraba que provenía del cielo. Tal vez fuese un meteorito y realmente viniese del cielo. El emperador Vario se llevó la piedra negra consigo cuando se fue a Roma, le construyó un nuevo templo a su dios y compartió con los romanos muchas historias acerca de El-Gabal. Incluso acuñó nuevas monedas con una imagen de la piedra negra sagrada. La mayoría de los romanos jamás habían oído hablar de El-Gabal, pero en el Imperio era habitual que apareciesen nuevos dioses. Cuando las personas viajaban de un territorio a otro, a menudo se llevaban a sus dioses consigo.

En la época de Escipión, los romanos creían en Júpiter, Marte y Venus; los griegos creían en Artemisa, Zeus y Atenea; los cartagineses creían en Baal y Tanit; y muchos otros pueblos tenían sus propios dioses. Pero cuando se unieron en un solo imperio y empezaron a hablar los unos con los otros, a ver las mismas obras e incluso, a veces, a casarse entre sí, la gente empezó a mezclar a los dioses.

Si habían oído hablar de un dios que les parecía interesante, puede que fueran a visitar su templo. Mucha gente viajó a Éfeso

para visitar el famoso templo de Artemisa. Cuando un romano se ponía enfermo, tal vez fuese al templo de Eshmún, el dios cartaginés de la sanación, para rezarle y pedirle que lo curase. Y, cuando una chica cartaginesa se enamoraba de un chico romano, quizá se acercara al templo de la diosa del amor romana, Venus, y le pidiera que se asegurara de que el chico la correspondiese. Es posible que Venus no fuese capaz de hacer algo así, e incluso es posible que Venus no existiera, pero si estás enamorado haces prácticamente cualquier cosa para que te correspondan. Puede que no te ayude, pero tampoco te hará ningún daño.

Igual que el dios El-Gabal viajó de Fenicia a Roma, por todo el Imperio circulaban muchas otras historias sobre dioses. Antes de que El-Gabal llegase a Roma, en el Imperio se había empezado a escuchar una historia muy interesante proveniente de un territorio al sur de Fenicia. Los primeros en contarla fueron unos judíos. Antes, los judíos, como el marinero Jonás, creían en un gran dios que gobernaba todo el mundo desde el cielo. Este dios recibía muchos nombres, como Yavé, Elohim y Adonay, entre otros, y a veces simplemente lo llamaban «el dios» o «el padre». Más adelante, hubo gente que empezó a darle aún más nombres. Todo esto provocó cierta confusión, así que, para no liarnos, imitaremos al marinero Jonás y lo llamaremos «Padre de los Cielos».

Los judíos decían que el Padre de los Cielos había creado el mundo entero y a toda la gente que habitaba en él. Aseguraban que su dios era muy poderoso y podía hacer cualquier cosa que quisiera, como lograr que el sol desapareciese o abrir las aguas del mar. Pero había algo que no cuadraba de estas historias. Si era tan poderoso, ¿por qué permitió que los romanos conquistaran y esclavizaran a los judíos? Los judíos reflexionaron sobre esta cuestión durante muchísimo tiempo, pero no conseguían encontrar una buena respuesta.

Entonces algunos judíos empezaron a contar una historia nueva: que el Padre de los Cielos había mandado a un hombre llamado Jesús para que lo explicara todo. Jesús creció en el pueblo de Nazaret, donde la gente lo conocía como el hijo de un carpintero pobre. Pero sus seguidores estaban convencidos de que, en realidad, era el hijo del Padre de los Cielos…, un poco como en las obras de Terencio. Sus seguidores argumentaban que había demostrado que era el hijo del Padre de los Cielos llevando a cabo milagros increíbles, como hacer que los ciegos de pronto viesen y que los sordos de pronto oyeran, e incluso les había devuelto la vida a personas fallecidas.

Jesús también le decía a la gente que lo que ocurría en la Tierra no tenía ninguna importancia. Era como una de esas obras de teatro que tanto gustaban a todo el mundo. En una obra puedes ser muchas cosas distintas, pero cuando termina ya no importa lo que eras, ¿no? **Quizá en el escenario eras el emperador y todo el mundo te obedecía.** En cambio, si intentaras ordenar a los otros actores que te hicieran la colada después de la obra, se reirían de ti y te dirían: «Que la obra ha terminado, tontaina. En realidad no somos tus esclavos. ¿Quieres tener la ropa limpia? ¡Pues lávala tú mismo!».

Jesús afirmaba que la vida es como una obra de teatro y que termina cuando morimos. Tras la muerte, da igual si en vida éramos el emperador o un esclavo. Por eso el Padre de los Cielos permitió que los romanos conquistaran y esclavizaran a los judíos, los cartagineses y los griegos. Era todo teatro.

Al fin y al cabo, los humanos solo vivimos en la Tierra durante unas cuantas décadas. Por mucho que seas el emperador de Roma, acabarás falleciendo y tu cuerpo se lo comerán los gusanos.

Sin embargo, si creías en el Padre de los Cielos, decía Jesús, entonces al morir el Padre de los Cielos te llevaría al cielo, un sitio maravilloso donde podrías disfrutar de una felicidad eterna, incluso si en la Tierra habías sido un esclavo. En cambio, si no creías en él, te enviaría al infierno, un lugar horroroso repleto de demonios que te harían arder durante millones de años, incluso si en la Tierra habías sido el emperador de Roma. Y el cielo y el infierno no eran ningún teatrillo: eran para siempre. Así lo explicaba Jesús.

Algunos judíos no se lo creían.

—¡Pero si no eres más que el hijo de un carpintero pobre de Nazaret! —exclamaban.

Pero otros judíos sí se creían las palabras de Jesús y lo llamaban «Cristo», que en griego significa «persona ungida de aceite». ¿Y qué pinta el aceite en todo esto? Bueno, los antiguos judíos pensaban que, cuando el Padre de los Cielos enviaba a alguien para que lo representara en la Tierra, a esa persona la embadurnaban con un aceite celeste especial en una ceremonia llamada «unción». Quienes creían que Jesús realmente venía del Padre de los Cielos afirmaban que tenía ese aceite especial, y por ello lo llamaban «el que ha sido ungido de aceite» o «Cristo». Y se definían a sí mismos como «cristianos», es decir, personas que siguen a Cristo, el ungido.

Los cristianos contaron historias sobre Jesucristo, el Padre de los Cielos, el cielo y el infierno a la gente de Éfeso, Tebas, Cartago e incluso Roma.

—Da igual si eres un esclavo o el emperador. ¡Si crees en Jesucristo, el Padre de los Cielos te llevará al cielo cuando mueras!

Los cristianos no podían demostrar que eso fuese cierto. **Nadie volvía a la vida después de morir para explicar a los demás que ahora estaba viviendo en el cielo o el infierno o donde fuera.** Tal vez la vida sea como una obra de teatro, pero nadie sabe qué pasa después de que se baje el telón.

De todos modos, a menudo la gente se cree una historia no porque tenga pruebas sólidas de que sea verdad, sino porque les gustaría que lo fuese. Las personas que tenían vidas difíciles o que eran pobres estaban desesperadas por creer que, al morir, podrían ir al maravilloso cielo. Parecía incluso mejor que descubrir que tu padre en realidad era un millonario o el mismísimo emperador.

DEMASIADAS HISTORIAS SOBRE JESÚS

Pero había un problema. A medida que más y más habitantes del Imperio romano se volvían cristianos, empezaron a contar historias diferentes sobre Jesús. Cuando querían convencer a alguien de algo, exclamaban: «¡Lo dijo Jesús!». Y eso hizo que cada vez fuera más difícil saber qué había dicho Jesús de verdad.

Así pues, los líderes cristianos se reunieron, primero en una ciudad llamada Hipona, cerca de Cartago, y luego en Cartago. Esta ciudad fue uno de los núcleos más relevantes de los primeros cristianos, tal vez porque les gustaba la idea de que daba igual quién ganase las guerras en la Tierra; lo que realmente importaba era lo que pasaba cuando morías.

En la reunión de Cartago, los líderes cristianos repasaron todas las historias que la gente contaba sobre el Padre de los Cielos y Jesús. Seleccionaron los relatos que creían que eran ciertos y los recopilaron en un único libro, que llamaron «la Biblia», y prohibieron que nadie añadiera o modificara cualquiera de esas historias. A día de hoy, miles de millones de personas en todo el mundo tienen un ejemplar de este libro. Si los líderes que se reunieron en Cartago se equivocaron e incluyeron alguna historia incorrecta en el libro, entonces en la actualidad todo el mundo está leyendo historias erróneas sobre el Padre de los Cielos y Jesús.

En resumen, la religión cristiana empezó con los judíos, pasó a otros pueblos, como los habitantes de Éfeso y Cartago, y entonces los cartagineses ayudaron a convencer incluso a los emperadores romanos para que se convirtieran al cristianismo. **En realidad, ¿quién conquistó a quién?** Sí, los romanos conquistaron a los griegos, los judíos y los cartagineses. Pero luego los griegos conquistaron Roma con el teatro, y los judíos y los cartagineses conquistaron Roma con su religión. Volviendo a la partida de ajedrez, es como si el ejército negro hubiera vencido al ejército blanco y hubiese matado a su rey, pero entonces los peones negros e incluso el rey negro se hubiesen vuelto blancos… O quizá todas las fichas del tablero se habían vuelto grises.

VÁNDALOS Y FANTASMAS

Al final, el Imperio romano cayó. Exactamente seiscientos años después de que Escipión quemara Cartago, un ejército que partió en barco desde la mismísima Cartago conquistó Roma. Pero no era un ejército cartaginés, sino vándalo. Los vándalos eran un nuevo pueblo del norte que invadió el Imperio romano, venció a su ejército, se apoderó de Cartago y lo usó como base. Cuando los vándalos conquistaron Roma, mataron a tanta gente, quemaron tantas casas y crearon un jaleo tan grande que luego el término «vándalo» se empezó a usar para designar a alguien que destruye cosas. Los cartagineses no estaban para nada contentos con el modo en que los vándalos habían vandalizado Roma. **A estas alturas, los cartagineses se consideraban romanos y veían a los vándalos como los nuevos conquistadores.** Imagina a un chico cartaginés llamado Agustín que acaba de enterarse de esta noticia. Se pondría muy triste. Y ahora imagina que de pronto viese algo muy curioso: un fantasma riéndose y saltando de alegría.

—¿Quién eres? —preguntó el muchacho, asombrado—. Jamás había visto un fantasma, y menos aún a uno feliz.

—Soy el fantasma de tu antepasado Aníbal. Fui soldado cartaginés y luché contra Escipión. Llevo seiscientos años esperando esta venganza, y ahora por fin he recibido la buena noticia: ¡Roma ha caído! ¡Viva!

—Sí, ya me he enterado… —dijo Agustín—. Pero a mí me ha entristecido.

—Pero ¿por qué? ¡Es motivo de celebración! ¿Por qué no te alegras de que los romanos hayan sido derrotados?

—Yo también soy romano. ¿Por qué iba a alegrarme?

—¡Por Baal y Tanit! —exclamó el fantasma de Aníbal—. ¡Tú no eres romano, eres cartaginés! ¡Los romanos son tus enemigos!

—Soy cartaginés, sí, pero los cartagineses somos romanos. ¿No lo ves por mi nombre? Me llamo Agustín por el mejor emperador romano de todos los tiempos, Augusto.

—¡Por Baal y Tanit! ¡Ese nombre no es apropiado para un chico cartaginés! ¿Y si te lo cambias a Aníbal?

—Gracias, pero me gusta más Agustín. Y todos mis amigos de clase de Latín me llaman Agus.

—¡¿Estudias el idioma de nuestros enemigos?!

—Es mi lengua materna —explicó el chico—. En casa hablamos en latín, y en clase aprendemos a leer y escribir correctamente. ¡Saqué la mejor nota de toda la clase en el examen de la semana pasada! Cuando sea mayor, quiero ser dramaturgo, como mi héroe, Terencio.

—¡Por Baal y Tanit! ¡A los cartagineses de verdad no nos gusta el teatro!

—¿Quiénes son estos Baal y Tanit de los que siempre hablas? —preguntó el chico.

—¿Qué? ¡¿Has olvidado los dioses de tus antepasados?! Entonces ¿a qué dioses veneras?

—Como buen romano, solo venero a un dios, el Padre de los Cielos, y a su hijo Jesucristo.

—¡Qué barbaridad! —se alarmó el fantasma—. ¡Como antepasado tuyo, insisto en que te cambies el nombre a Aníbal, hables fenicio, veneres a Baal y Tanit, y te olvides de todas estas pamplinas del teatro!

—Pero apenas sé fenicio, me gusta ir a la iglesia a rezarle a Jesús y también acudir al teatro, y sin duda no quiero cambiarme el nombre. ¿Por qué iba a hacer todo esto?

—¡Porque eres mi descendiente y tendrías que hablar mi idioma, venerar a mis dioses y disfrutar de mi arte! ¡Jamás me habría imaginado que un descendiente mío pudiera definirse como romano! —exclamó el espectro.

En ese momento apareció otro fantasma, esta vez de aspecto aún más viejo.

—¡Deja de molestar al chico, Aníbal!

—¿Quién eres? —preguntó Aníbal con tono fantasmal.

—Soy el rey Jarbas, de Numidia —respondió él—, y también soy tu antepasado. Viví seiscientos años antes que tú y estoy muy decepcionado contigo, Aníbal.

—¿Por qué? —quiso saber el fantasma de Aníbal.

—Eres mi descendiente y, aun así, ¡adoptaste el nombre, el idioma y los dioses de mis peores enemigos! Seiscientos años antes de que tú nacieras, mi gente vivía en paz y prosperidad, hasta que de pronto los fenicios ocuparon nuestras tierras, construyeron su ciudad de Cartago y nos obligaron a trabajar para ellos. Los odiábamos, pero eran demasiado poderosos. De todos modos, ¡jamás me habría imaginado que un descendiente mío se definiría como cartaginés! Es

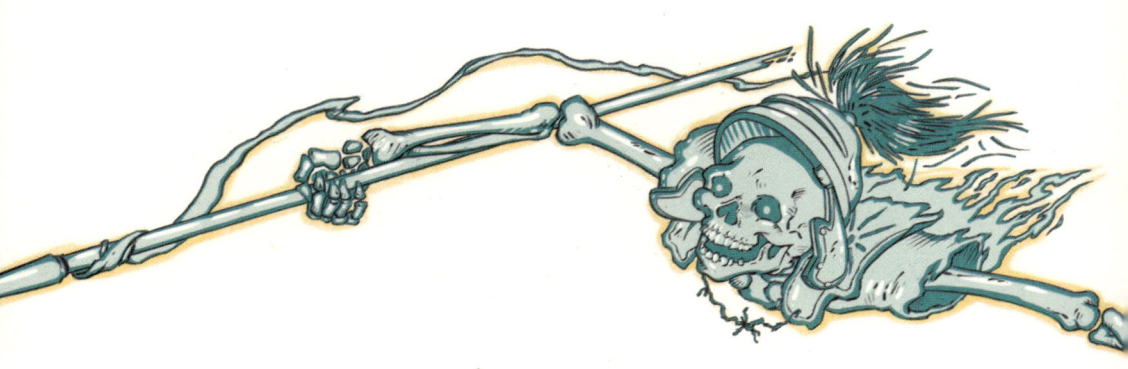

una pena que este chico tenga un nombre romano y hable latín, pero ¡al menos es mejor que tú, que tienes un nombre cartaginés y hablas fenicio!

¿Qué te parece? ¿A cuál de sus dos antepasados tendría que hacerle caso Agustín: a Aníbal o a Jarbas?

En realidad, es aún más complicado. **La gente siempre tiene más de un antepasado**. Tú tienes dos progenitores, ¿no? Y, a su vez, cada uno de ellos tiene dos progenitores, de modo que tú tienes cuatro abuelos. Cada uno de tus abuelos tiene dos progenitores, con lo cual tú tienes ocho bisabuelos. Y cada uno de ellos tenía dos progenitores… Si retrocedes cien años, verás que tienes dieciséis tatarabuelos. Si retrocedes doscientos años, tendrías 256 antepasados. Si retrocedes trescientos años, serían 4.096. Y, si retrocedes seiscientos años…, ¡tendrías un millón de antepasados!

Es decir, si Agustín pudiera conocer a sus antepasados que vivieron cientos de años antes que él, no serían solo uno o dos fantasmas. Habría millones de fantasmas procedentes de diferentes sitios.

—¡Nosotros somos de Cartago! —exclamó un grupo de fantasmas—. ¡E insistimos en que tendrías que hablar fenicio, muchacho!

—¡Pues nosotros somos númidas! —gritó otro grupo—. Y no nos gustan los fenicios en absoluto. ¡El chico debería hablar nuestro idioma!

—Nosotros somos romanos —dijeron otros— y creemos que el chico tiene razón, tendría que hablar latín.

—Yo era un mercader griego —intervino el fantasma de Heráclito— y pienso que deberías hablar griego o, al menos, saber algunas palabrotas en mi idioma.

—Pues yo era una esclava nacida en Jerusalén —añadió un fantasma mujer—. Quería quedarme en mi ciudad, pero un soldado romano me capturó, me llevó a Cartago y me vendió. Soy tu trastatarabuela, Agustín. ¿Y si te pones un nombre judío, como, por ejemplo, Jonás, y aprendes un poco de nuestro idioma, el hebreo?

Más y más fantasmas le contaron su historia e intentaron convencer al chico de que aprendiera su idioma, hasta que al fin este exclamó:

—¡Sois todos mis antepasados, no entiendo por qué tendría que preferir a uno de vosotros por encima de los demás! Pero no puedo hablar el idioma de todos, es imposible.

—¿Y cuál es la solución? —preguntaron los fantasmas.

—¡No lo sé! —respondió él—. Debatidlo entre vosotros y avisadme cuando lo hayáis acordado. Hasta entonces, me quedo con el latín.

Los fantasmas fruncieron el ceño. No parecía que les gustase la idea, pero no tenían una propuesta mejor.

—De hecho —añadió Agustín—, hay una frase en latín de una de las obras de Terencio que creo que tendríais que conocerla todos vosotros. «Homo sum: humani nihil a me alienum puto». ¿Sabéis qué significa?

Los fantasmas que sabían latín sonrieron, pero la mayoría parecían confundidos.

—*«Soy humano, y nada de lo humano me resulta ajeno»* —explicó el chico—. La gente de países diferentes a menudo tiene idiomas, dioses, formas de arte, comida y juegos distintos. Pero todas las personas somos seres humanos, y todos los humanos podemos beneficiarnos de aquello que crea otro humano. Sí, el latín lo crearon los romanos, el teatro fue una invención griega, y las historias de Jesús provienen de los judíos. Pero todos somos humanos: romanos, griegos y judíos. Y, como yo también soy humano, puedo hablar latín, disfrutar del teatro y aprender de la sabiduría de Jesús.

UN NUEVO IMPERIO

C uando caè un imperio, los pueblos que había conquistado previamente no recuperan su antigua libertad así como así. A menudo, estos pueblos han cambiado tanto que ya no se parecen a los que los precedieron. Además, **cuando cae un imperio, muchas veces lo que pasa es que lo sustituye otro imperio.** Así, cuando cayó el Imperio romano, los cartagineses fueron conquistados por los vándalos. Al cabo de un tiempo, a los vándalos los vencieron los griegos, y Cartago pasó a formar parte de un nuevo Imperio griego, que en realidad se hacía llamar «Imperio romano» porque decían que ellos eran romanos. Al final, el Imperio grecorromano fue derrotado por los árabes, que conquistaron Cartago.

En un primer momento, a los cartagineses no les hacía ninguna gracia. Ellos hablaban latín y eran cristianos, mientras que los dirigentes del Imperio árabe hablaban árabe y creían en una religión nueva, el islam, cuyo profeta era Mahoma. De nuevo, los árabes destruyeron la ciudad de Cartago y construyeron una ciudad completamente nueva muy cerca, llamada Túnez.

Con el tiempo, los descendientes de Agustín y de los demás cartagineses se acostumbraron a vivir en Túnez. Ya no se definían como cartagineses ni romanos, no hablaban fenicio ni latín, y no creían en Baal ni en Jesús, sino que hablaban árabe y creían en Mahoma y en el islam. Se empezaron a describir a sí mismos como árabes musulmanes y usaban nombres musulmanes, como Mahoma, Abdalá y Fátima.

Cientos de años más tarde, un chico musulmán llamado Abdalá tal vez saliera con su rebaño de cabras para que pastaran alrededor de las ruinas de Cartago. Mientras andaba por encima de los vestigios del templo de Baal y las iglesias cristianas, ¿se le aparecería el fantasma enfadado de Agustín? ¿Le instaría en que tenía que cambiar de nombre, idioma y religión? ¿O se limitaría a sonreír y susurrar: «Homo sum: humani nihil a me alienum puto»?

LA HISTORIA ES COMPLICADA

Los humanos somos perezosos. Cuando tenemos que reflexionar sobre una cuestión con detenimiento, nos entra dolor de cabeza. Por eso, suelen gustarnos las historias sencillas. Queremos historias en las que sea fácil saber quiénes son los buenos y quiénes son los malos. Pero la historia es complicada. **En la historia de Cartago y Roma, por ejemplo, es difícil saber de verdad quién era bueno y quién era malo.** ¿El famoso general Aníbal era bueno porque luchó contra los romanos o era malo porque destruyó muchas ciudades en España y en otros territorios?

Es más: también es difícil saber quién era cartaginés y quién era romano. Algunas personas eran cartaginesas y romanas a la vez. Y sus tataranietos ya no eran ni cartagineses ni romanos, sino tunecinos.

Esta es una lección muy importante de la historia de los imperios. Las historias sencillas normalmente solo ocurren en los cuentos de hadas. La historia de verdad es complicada. **Y, como todos nosotros somos personas de verdad, todos somos complicados.** Pensamos en nuestros antepasados como si fueran un único grupo de gente, pero, igual que en las obras de Terencio, resulta que nuestros antepasados no son como pensábamos que eran. Creemos que provenimos de un solo país, pero en realidad resulta que debemos muchos de los elementos de nosotros mismos a varios países. Además, si retrocediéramos en el tiempo, tarde o temprano descubriríamos que algunos de nuestros antepasados eran extranjeros. Y, sobre todo, siempre nos gusta pensar que somos descendientes de los buenos de la historia, pero, en cierto punto, también somos descendientes de los malos. Y eso es una idea muy perturbadora. ¿Conoces a los malos de la historia de tu país o de tu familia?

Tal vez la mejor conclusión es que tenemos que vivir con el legado de nuestros antepasados, pero, **aunque seamos descendientes de los malos, podemos comportarnos de otro modo.** Que nuestros antepasados libraran guerras y construyeran imperios no significa que nosotros tengamos que hacer lo mismo. No podemos cambiar el pasado y no deberíamos intentar volver a la manera en la que eran las cosas antes de que se creara el primer imperio, pero tampoco tenemos que repetir el pasado. Da igual lo que hicieran nuestros antepasados; nosotros podemos ser diferentes. ✋

4

EL SIGNIFICADO DE LA VIDA

¿UNA ÚNICA HISTORIA VERDADERA?

La literatura, el cine y los videojuegos están repletos de historias sobre guerras e imperios porque son acontecimientos que llaman la atención de la gente. Esto lleva a que algunas personas crean que las guerras son lo que pasa habitualmente cuando se conocen unos extranjeros. Es como cuando dos niños se pelean en el colegio: los demás van a ver qué ocurre y es el único tema de conversación de los días siguientes.

Pero la mayor parte del tiempo los niños no se pelean. Por lo general se llevan bastante bien. Lo mismo pasa con la historia: cuando dos extranjeros se conocen, no se pelean. A veces se casan, a menudo hacen negocios y en muchas ocasiones hablan sobre cosas que los ponen tristes o contentos, comparten historias sobre cómo se creó el mundo, de dónde venimos los humanos y los animales, y qué normas debería seguir la gente. Y también hablan sobre sus dioses.

Todo el mundo creía que su historia era la verdadera. Pero ¿acaso era posible saberlo si había tantas historias distintas que a veces incluso se contradecían? Mientras que los cristianos creían que el Padre de los Cielos era el único dios y que había creado todo el universo, los griegos creían en Zeus y Artemisa, y los cartagineses en Baal y Tanit.

Puede que tú experimentes algo parecido en tu día a día. Tal vez has oído historias diferentes sobre un tema y no sabes cuál deberías creerte. Por ejemplo, dos chicas del colegio que antes eran las mejores amigas de pronto han dejado de hablarse. Una de ellas les cuenta a los demás que es porque la otra chica no la invitó a su fiesta de cumpleaños. En cambio, la cumpleañera dice que es porque la primera chica la trató mal y esparció rumores muy feos sobre ella. Y una tercera chica, que era amiga de ambas, dice que todo empezó porque se pelearon por un chico. No es nada fácil saber a quién debes creer.

Ocurre lo mismo con todas las historias sobre los dioses, el origen de la humanidad y lo que sucede después de que fallezcamos. Mucha gente quería saber cuál era la historia verdadera, y una persona que estaba muy pero que muy interesada en averiguarlo era Möngke Kan, el dirigente del Imperio mongol. Además de ser curioso, era el hombre más poderoso de su época.

UNA INVITACIÓN A KARAKÓRUM

Möngke era el nieto de un conquistador muy importante y violento llamado Gengis Kan. Unos siglos después de que los árabes establecieran su imperio y construyeran Túnez, Gengis Kan, que podría ser responsable de más muertes humanas que nadie antes de él, creó un imperio aún más grande: el mongol. Tras su muerte, Möngke Kan lideró el Imperio. Libró incluso más guerras y siguió ampliando los límites del Imperio mongol, que se extendía desde el océano Pacífico hasta el mar Mediterráneo y desde Corea hasta Ucrania.

Sin embargo, igual que le ocurrió al rey Gilgamesh de Uruk, **Möngke era consciente de que algún día se moriría y los gusanos se comerían su cuerpo.** A pesar de su enorme poder, no sabía cómo vencer a la muerte. No sabía de dónde venían los seres humanos ni en qué consistía la vida realmente. Había escuchado muchas historias al respecto; puesto que lideraba un imperio gigantesco donde vivían muchísimas personas, es probable que hubiese oído más historias que nadie en todo el mundo, y estaba empeñado en descubrir cuál de esas historias era la verdadera.

Tal vez, pensó, podría organizar un gran debate entre las personas más sabias para determinar qué historias eran falsas y cuál era la verdadera. Y así **quizá podría conseguir que todo el mundo aceptara esa historia,** y entonces lo obedecerían. Habría una sola historia y un solo kan.

Así pues, en 1254 invitó a las personas más sabias de Asia, Europa y África para que asistieran a una gran conferencia en su capital, Karakórum. Si te estás preguntando por qué no invitó a nadie de América ni Oceanía… Bueno, es que en aquella época todavía no se había descubierto el planeta entero. Möngke Kan jamás había oído hablar ni de América ni de Oceanía, y la gente de esos territorios tampoco había oído hablar ni de él ni de su imperio.

Quizá una de estas personas sabias que se embarcaron en la larga y peligrosa travesía hasta Karakórum era Abdalá, el chico de Túnez, que con los años se había convertido en un célebre estudioso musulmán, un ulema. Pongamos que hizo el viaje acompañado de su hija, Fátima, una chica lista y curiosa a quien le encantaba charlar sobre los secretos del mundo.

Cuando llegaron a Karakórum, Abdalá fue directo al palacio de Möngke Kan para reunirse con los demás sabios. Y, mientras los adultos le contaban sus distintas historias al dirigente mongol, Fátima se quedó en el albergue. Allí conoció a chicos y chicas de varios países que habían viajado a Karakórum por la conferencia con su padre, su madre o algún docente.

—Hola —saludó Fátima a cuatro chicos y chicas que había en el albergue—. Me llamo Fátima y soy de Túnez. He venido aquí con mi padre, Abdalá.

—Hola —replicó un chico—. Yo me llamo Mateo y soy de Roma. Estoy estudiando para ser cura. Mi profesor está en el palacio explicándole a Möngke Kan todas las historias sobre el Padre de los Cielos y Jesucristo.

—¡Anda! Yo también estoy estudiando para ser cura —dijo otro chico—. Me llamo Constantino y soy de Éfeso.

—Yo soy Leonor —añadió una chica tímida, y volvió a quedarse en silencio de inmediato.

—Y yo soy Qulan —se presentó una segunda chica—. Soy de Mongolia. Nací aquí, en Karakórum, y estoy muy contenta de que hayáis venido. La mayoría de mis familiares creen en los noventa y nueve dioses de Tengri y en los espíritus de la tierra y el agua, pero he oído algunas cosas de otras religiones y me gustaría saber más. Nunca he salido de Karakórum y creo que podría aprender mucho conociendo a gente de otros países.

—Siempre se aprenden muchas cosas nuevas y sorprendentes cuando hablas con extranjeros —coincidió Fátima.

—Mi profe me dijo que viajar es bueno, incluso a lugares muy lejanos —intervino Mateo—, porque todavía hay mucha gente que no ha oído hablar del Padre de los Cielos. Eso es a lo que ha dedicado toda su vida, y yo también quiero hacerlo. Si todo el mundo aprende quién es el Padre de los Cielos y cree en él, entonces podremos ponernos de acuerdo en las mismas normas y todos viviremos en paz.

—Qué interesante —dijo Qulan—. Eso es exactamente lo que quiere nuestro kan. Una sola historia y un solo kan para todo el mundo… Bueno, ¿y qué puedes contarnos sobre el Padre de los Cielos?

—Pues —empezó Mateo, poniéndose muy serio— al principio el Padre de los Cielos creó el universo entero y todo lo que hay en él. Creó la Tierra y el Sol y la Luna, los océanos y las nubes y los volcanes.

—¡Y a los humanos y los elefantes y las arañas! —añadió Constantino—. El Padre de los Cielos ama todas las cosas y a todos los seres que ha creado, así que toda la gente debería seguir sus órdenes. Da igual dónde vivas o qué idioma hables. Igual que el resto de las criaturas, a ti también te creó el Padre de los Cielos y él te ama, así que debes obedecer sus normas.

—¿Y cuáles son sus normas? —quiso saber Qulan.

—No debes matar a nadie —respondió Mateo— ni tampoco debes robar ni mentir.

—Y debes ayudar a la gente pobre o enferma —se sumó Constantino.

—Parecen unas normas muy buenas —aprobó Qulan—. Yo ya intento aplicarlas. ¡Debo de ser cristiana!

—No corras tanto —dijeron Mateo y Constantino al unísono—. Hay otras normas que tienes que seguir.

—Por ejemplo, tu falda es demasiado corta —añadió Constantino—. Te vemos las rodillas. Al Padre de los Cielos no le gusta que las chicas lleven faldas cortas.

Los cristianos decían que el Padre de los Cielos había dado a los humanos una lista de normas muy larga y detallada. Normas sobre cómo debían vestirse, qué podían comer, a qué juegos podían jugar y qué ocasiones debían celebrar. Además, había normas sobre quién debía obedecer a quién.

—Los jóvenes deben obedecer a los mayores —explicó Mateo—. Las mujeres deben obedecer a los hombres, y todo el mundo debe obedecer a los curas.

—Los curas tienen una relación muy estrecha con el Padre de los Cielos y siempre hablan con él —amplió Constantino—. Si no haces caso a los curas, el Padre de los Cielos te castigará. Tal vez haga que un volcán entre en erupción o mande una plaga muy fuerte. Por ejemplo, si los curas te dicen que dones dinero para construir una gran iglesia dedicada al Padre de los Cielos, has de hacerlo.

Y, si te dicen que dejes de luchar contra otro reino, debes firmar la paz.

—¿Y qué ocurre si no mato a nadie y ayudo a los pobres, pero no sigo las otras normas, como que las mujeres deben ponerse faldas largas y obedecer a los hombres? —preguntó Qulan.

—Que el Padre de los Cielos se enfadará mucho contigo y te enviará al infierno, un lugar horroroso —respondió Mateo—. Todas sus normas son igual de importantes.

La chica se quedó en silencio y miró a Leonor, que todavía no había dicho nada.

¿QUÉ PASA SI NO CREO EN EL PADRE DE LOS CIELOS?

Durante varios siglos, los curas contaron historias como estas a gente de muchos lugares distintos, y a día de hoy lo siguen haciendo. La mayoría de los países de Europa, desde Grecia hasta Islandia y desde Ucrania hasta Irlanda, se volvieron cristianos, así como muchos países de otros continentes, como Etiopía, en África, y Líbano, en Asia. En la Edad Moderna, cuando los europeos empezaron a viajar a América y Oceanía, la fe cristiana se extendió a distintos territorios, como México, Brasil y Fiyi. Sin embargo, la gente no siempre se convertía al cristianismo porque las historias cristianas fueran convincentes. Había otro motivo.

—Los cristianos habláis mucho sobre el amor y la paz —dijo Leonor, que al fin se unió a la conversación—, pero a veces podéis llegar a ser muy violentos. He oído que en Éfeso había uno de los templos más bonitos de todo el mundo, el templo de Artemisa, pero los cristianos lo destruisteis y usasteis sus piedras para construir una iglesia.

—Pues claro —replicó Constantino—. Queremos que todo el mundo crea solamente en el Padre de los Cielos, así que destruimos los templos dedicados a otros dioses y edificamos iglesias en su lugar.

—¡Y eso es bueno! —intervino Mateo—. También destruimos templos dedicados a otros dioses en Roma o los convertimos en iglesias. Porque los otros dioses no existen. Son imaginarios, historias que se ha inventado la gente.

—No me parece mal si convencéis a alguien para que crea en el Padre de los Cielos. Pero ¿obligar a la gente a creer en vuestro dios y destruir todos los otros templos? Eso… ¡es muy fuerte! —exclamó Qulan.

—¿Y no te has preguntado a cuántas personas ha masacrado tu kan en todas sus guerras? —se mofó Mateo, que empezaba a enfadarse.

—Tienes razón —admitió Qulan, un poco avergonzada—. No me parece bien que nuestro kan invada otros países y conquiste sus pueblos. Pero al menos nosotros dejamos que cada uno crea en lo que le dé la gana. Después de que el ejército mongol conquistara los territorios cristianos alrededor de la ciudad de Kiev, permitimos que la gente siguiera siendo cristiana. ¿Qué haría vuestro rey cristiano si nos conquistara?

—Bien —sonrió Mateo—, ¿no sería bueno que os deshicierais de todas vuestras supersticiones? ¿Noventa y nueve dioses y miles de espíritus? ¿Quién se cree todas esas tonterías? ¡No son más que unas historias primitivas de fantasmas que vuestros sacerdotes se inventaron para engañaros! Vuestros dioses y espíritus en realidad no existen.

—¿Alguna vez has pensado —preguntó Qulan con perspicacia— que vuestro Padre de los Cielos tal vez sea una historia que se inventaron vuestros sacerdotes?

LA INQUISICIÓN

Cuando el cristianismo llegó a Roma, Cartago, Éfeso y otros lugares, mucha gente se convirtió al cristianismo, pero también había personas que tenían dudas, como Qulan. No obstante, los cristianos eran cada vez más numerosos y tenían mucho poder, y llegó un punto en el que plantear estas dudas en voz alta pasó a ser algo peligroso. Aunque los cristianos insistían en que el Padre de los Cielos quería a todo el mundo, algunos de ellos empezaron a odiar e incluso a luchar contra la gente que no creía en su dios.

En lugar de llevar la paz al mundo, la historia del Padre de los Cielos creó muchas guerras nuevas. Los cristianos empezaron a matar a gente por negarse a creer en el Padre de los Cielos. Si alguien decía que no se creía esa historia, los curas a veces capturaban a esa persona, la llevaban a la plaza más importante de la ciudad y la mataban delante de toda la gente. Así, al cabo de poco tiempo, aquellos que no creían en el Padre de los Cielos no se atrevían siquiera a mencionar sus dudas.

—Me gustaría decir una cosa, pero primero tenéis que prometerme que no me pegaréis —les pidió Leonor a Mateo y Constantino.

—Claro —respondieron ambos al unísono—. ¿Por qué piensas que te pegaríamos?

—Bueno, he aprendido que tengo que vigilar lo que digo. Nací en Béziers, en el sur de Francia. Un día se presentó un gran ejército cristiano, tomó el control de la ciudad y mató a toda la gente que no creía en vuestras historias del Padre de los Cielos.

Los dos chicos clavaron la mirada en el suelo, incómodos.

—Los curas empezaron a sospechar que quizá no habían encontrado a todas las personas que no creían en su dios —continuó Leonor—. Tal vez la gente se había asustado y decían que se creían las historias aunque no fuese así.

—¿Y qué hicieron los curas? —preguntaron Fátima y Qulan.

—Se inventaron una cosa llamada «la Inquisición» —explicó Leonor—. Es la policía secreta de los curas. Se llama así porque siempre están inquiriendo si realmente crees en las historias del Padre de los Cielos. Un día mis padres estaban hablando en la cocina y mi madre dijo que no estaba segura de si las historias del Padre de los Cielos eran ciertas, y mi padre admitió que él tampoco lo veía claro. Pensaban que era una conversación privada entre ellos dos.

—¿Y qué pasó? —insistieron las chicas.

—Un vecino que pasaba por ahí los oyó. Se chivó de ellos, y la Inquisición se los llevó y…, y…, y los quemó vivos en la plaza principal de la ciudad. Yo escapé con mi hermano mayor y nos fuimos tan lejos como pudimos de los curas. Nos unimos a un grupo de mercaderes ambulantes que nos trajo hasta Karakórum.

Constantino se sentía fatal. Se volvió hacia Leonor y dijo:

—Lo siento mucho. Había oído que algunos cristianos hacen cosas terribles en lugares lejanos, como Roma y Francia, pero creo que el Padre de los Cielos no querría que se comportaran así. Está mal que la gente no crea en el Padre de los Cielos, pero es aún peor matar a alguien solo porque no cree en él. No todos los cristianos

somos iguales, ¿sabes? Los que hicieron eso se llaman «católicos». Yo no lo soy, yo soy ortodoxo.

Mateo, que sí era católico, miró a Constantino furioso.

—¿No fuisteis vosotros, los ortodoxos, los que destruisteis el templo de Artemisa? He oído que los ortodoxos habéis destruido muchos otros templos y habéis empezado guerras contra los pueblos que se mantuvieron fieles a sus antiguos dioses. No finjas que los católicos somos los únicos que hacemos estas cosas.

—No lo entiendo —intervino Qulan, que parecía muy triste—. ¿Por qué la gente lucha y mata a otras personas solo por unos dioses?

Antes de que los cristianos se inventaran las historias del Padre de los Cielos, también **había muchas guerras, pero no solían ser por dioses.** Todo el mundo tenía sus divinidades, y la gente aceptaba que había muchos otros dioses aparte de los suyos. Incluso cuando los romanos conquistaron a los griegos y los cartagineses, no obligaron a la población a abandonar a sus dioses y aceptar únicamente los romanos. Sin embargo, cuando los cristianos empezaron a decir que solo había un dios en todo el mundo, comenzaron a luchar contra la gente que no creía en ese mismo dios. ✎

LO QUE EL PADRE DE LOS CIELOS DIJO SOBRE LOS HIJOS

Los cristianos también luchaban entre sí. Es cierto que todos creían en el Padre de los Cielos, pero empezaron a discutir sobre qué les había dicho exactamente que tenían que hacer. Cuanto más hablaban Mateo y Constantino, menos de acuerdo estaban.

—Cuando mi padre vuelva de la conferencia de Möngke Kan esta noche —dijo Constantino—, le preguntaré sobre lo que nos ha contado Leonor.

—¿Tu padre? —repitió Mateo con cierto desdén—. ¿Y él qué hace aquí?

—¿No es obvio? Es uno de los curas a los que ha invitado Möngke. ¡En Éfeso y los alrededores dicen que mi padre es el cura más sabio del mundo!

—Pero ¿cómo es posible que tu padre sea cura? —se sorprendió

Mateo—. El Padre de los Cielos dijo que los curas no pueden casarse ni tener hijos. ¡Tu padre rompió las normas!

—¡Mentiroso! —gritó Constantino—. El Padre de los Cielos jamás ha dicho eso.

—¡Idiota! —replicó Mateo en el mismo tono—. ¡Tu padre ha venido aquí a hablarles a los mongoles sobre el Padre de los Cielos cuando ni siquiera él mismo lo obedece!

—¡Mi padre es el mejor cura del mundo! —respondió Constantino, todavía a gritos—. ¡Retira lo dicho o te daré un puñetazo!

Uno de los temas sobre los que menos de acuerdo estaban los católicos y los ortodoxos era si los curas podían casarse y tener hijos. A los ortodoxos les parecía bien, pero los católicos creían que el Padre de los Cielos lo prohibía estrictamente. Mateo y Constantino siguieron gritándose y empezaron a golpearse, hasta que Fátima y Qulan los detuvieron.

En todo el mundo se produjeron peleas mucho peores que esta entre cristianos. Incluso se llegaron a librar guerras por estas mismas cuestiones. Todos los cristianos estaban de acuerdo en algunas normas del Padre de los Cielos, como que no se debía matar a nadie, pero cuando discutían sobre otras normas… a veces terminaban matándose.

Por ejemplo, cincuenta años antes de la conferencia de Karakórum, hubo una batalla tremenda en Constantinopla, una ciudad muy grande. Un ejército católico que creía que el Padre de los Cielos prohibía que los curas tuvieran hijos atacó la ciudad, que estaba gobernada por cristianos ortodoxos que opinaban lo contrario. Por supuesto, no luchaban solo por el tema de los hijos: Constantinopla era una ciudad muy pero que muy rica, y muchos de los atacantes querían robarle su riqueza. Todos estaban de acuerdo en que el Padre de los Cielos decía que robar estaba mal, pero lo hacían de todos modos. Los cristianos católicos se hicieron con el poder de la ciudad, quemaron barrios enteros, saquearon las iglesias ortodoxas para llevarse el oro y la plata, y mataron a miles de ortodoxos.

LO QUE EL PADRE DE LOS CIELOS DIJO SOBRE EL VINO

Había gente que creía en el Padre de los Cielos, pero que no eran cristianos. Solían llamar al Padre de los Cielos por el nombre «Alá» y estaban de acuerdo en que había creado el universo, aunque afirmaban que prácticamente todo lo que decían los católicos y ortodoxos sobre el Padre de los Cielos era falso. Esta gente eran musulmanes, como Fátima y su padre, Abdalá.

—Me alegro de que por fin hayáis dejado de pelearos —dijo Fátima—. Estoy de acuerdo con algunas de las cosas que decís y yo también creo en el Padre de los Cielos, pero mi padre dice que los curas cuentan muchas mentiras sobre él.

Mateo y Constantino dejaron de fulminarse con la mirada y se volvieron hacia la chica.

—¿Qué mentiras? —preguntaron.

—Por ejemplo —empezó Fátima—, los curas dicen que al Padre de los Cielos le gusta el vino y que hay que hacer un ritual especial en su honor al tomar esta bebida.

—¡Sí! —exclamaron ambos, contentos de estar de acuerdo en algo.

—El vino es como la sangre de Jesucristo, el hijo del Padre de los Cielos —explicó Constantino—. Cuando bebes la sangre de Cristo, conectas con el Padre de los Cielos.

—Pero, en realidad —replicó Fátima—, el Padre de los Cielos dijo que nadie debería beber vino. Si lo haces, se enfadará mucho y te enviará al infierno.

Mateo y Constantino miraron a Fátima y negaron con la cabeza.

—Y los curas afirman que al Padre de los Cielos le parece bien que la gente coma cerdo.

—Sí —respondieron los chicos.

—Pero, en realidad, el Padre de los Cielos dijo que nadie debería comer cerdo. Si lo haces, se enfadará mucho.

Mateo y Constantino no estaban de acuerdo.

—Y otra norma muy importante —continuó Fátima—: hay un mes al año, que llamamos «ramadán», en el que nadie debería comer ni beber nada durante el día; solo se puede comer y beber por la noche. Pero los curas nunca explican esta norma, y el Padre de los Cielos se enfada mucho.

—Eso te lo has inventado —dijo Mateo.

—¡Sí, yo nunca lo había oído! —exclamó Constantino.

—Eso es porque solo escucháis a los curas cristianos —replicó Fátima—. Tendríais que escuchar a los ulemas musulmanes. Ellos sí que saben lo que quiere el Padre de los Cielos.

Como puedes imaginarte, a los cristianos no les hizo ninguna gracia. Aunque tanto los cristianos como los musulmanes creían que el Padre de los Cielos lo había creado todo, no se ponían de acuerdo en prácticamente nada más.

Muchos de los primeros musulmanes eran árabes que vivían en el desierto de Arabia, cerca de Fenicia. Igual que los cristianos, ellos también viajaron continuamente para extender sus historias del Padre de los Cielos, y a día de hoy hay numerosos países donde la mayoría de la gente es musulmana, como Senegal y Mali, en África occidental; Egipto e Irán, en Oriente Próximo, y Bangladés e Indonesia, en el sur de Asia. Algunas personas de estos países se hicieron musulmanas porque estaban convencidas de que sus historias eran ciertas. Pero a los musulmanes tampoco les gustaba que nadie rechazara sus historias y a veces se enfrentaban a ellas.

—Fátima —intervino Leonor en voz baja—, dime una cosa: ¿qué pasa si una persona de un país musulmán no cree en el Padre de los Cielos?

Fátima admitió que había oído que a veces perseguían y hasta mataban a esas personas.

—Ya veo —dijo Leonor, triste.

Las historias sobre el Padre de los Cielos de los cristianos y los musulmanes se extendieron por todo el mundo y conllevaron muchos cambios, como nuevas festividades. Por ejemplo, los cristianos de todo el planeta empezaron a celebrar la Navidad, una festividad en honor al nacimiento de Jesucristo. Además, la gente comenzó a hablar en nuevos idiomas. Los musulmanes de Egipto y Túnez, por ejemplo, adoptaron el árabe, el idioma de los primeros musulmanes y del profeta Mahoma. Incluso se produjeron cambios en cómo se vestía la gente y en lo que comían y bebían.

Sin embargo, si esperaban que las historias del Padre de los Cielos trajeran paz al mundo, seguro que se llevaron un buen chasco. Porque, en realidad, esas historias generaron aún más guerras que antes.

EL GRAN PROBLEMA
CON EL PADRE DE LOS CIELOS

—¿Sabéis? —dijo Qulan a Fátima, Mateo y Constantino—. Al menos estáis de acuerdo en una cosa: que el Padre de los Cielos creó el universo entero y también lo que hay en él, lo sabe todo y puede hacer lo que quiera.

—Sí —coincidieron.

—Pero, si eso es verdad, ¿por qué hay tanto sufrimiento en el mundo? Si el Padre de los Cielos puede hacer lo que le apetezca, ¿por qué no pone fin a todas las guerras? ¿Por qué permite que la gente se haga daño mutuamente y se mate?

—No creo que sea culpa suya que haya guerras —respondió Mateo—. Quienes empiezan las guerras son personas malvadas, la culpa es de ellos.

—Pero, aunque algunas personas malvadas decidan empezar una guerra —argumentó Qulan—, el Padre de los Cielos podría detenerla y proteger a las personas buenas de las malvadas, ¿no os parece? —quiso saber la chica.

—Yo he oído que todo esto solo es una prueba —intervino Constantino—. El Padre de los Cielos creó un lugar maravilloso, el cielo, y ahí nunca ocurre nada malo y la gente vive feliz durante toda la eternidad. Para decidir quién entra en el cielo y quién no, el Padre de los Cielos creó la Tierra. Solo vivimos en este planeta durante un tiempo muy cortito, pero él nos estudia con atención. Si nuestras acciones son buenas, el Padre de los Cielos nos llevará al cielo cuando muramos. Pero, si nuestras acciones son malas, no nos dejará entrar en el cielo. Es decir, no pasa nada si la gente buena a veces sufre en la Tierra, porque solo será durante unos cuantos años. ¡Luego pasarán toda la eternidad en el cielo!

—¿Cómo podemos saber si eso es cierto? ¿Conoces a alguien que haya regresado a la Tierra desde el cielo para demostrar que existe de verdad? —preguntó Qulan.

—Bueno…, no —contestó Constantino.

—Además —continuó Qulan—, si el Padre de los Cielos lo creó todo y puede hacer lo que quiera, ¿por qué se molesta en esta prueba tan complicada? Podría haberse limitado a crear solo a personas buenas y llevarlas directamente al cielo, en lugar de molestarse en crear a gente malvada.

—Hum, es un argumento interesante —intervino Fátima, dubitativa—. Cuando mi madre se puso enferma de golpe el año pasado y falleció, yo pensé algo parecido. Las guerras puede que no las provoque el Padre de los Cielos, sino personas malvadas, pero ¿y las enfermedades o los terremotos? No los provocan personas malvadas, ¿no? Si el Padre de los Cielos lo creó todo y puede hacer lo que quiera, ¿por qué permitió la enfermedad que mató a mi madre?

—Lo siento mucho —dijo Qulan, poniéndole una mano en el hombro—. Y, ¿sabes?, los humanos no somos los únicos que sufrimos por culpa de las enfermedades, los terremotos y la violencia. También sufren millones de animales. A las gacelas se las comen los tigres. Las águilas despedazan los polluelos. Las crías de elefante se pierden en el desierto y mueren por falta de agua. Si el Padre de los Cielos puede hacer lo que quiera, **¿por qué creó un mundo donde hay tanto sufrimiento?** ¿Os parece que esos pobres animales van al cielo al morir?

DOS DIOSES

Cuando se reunían varias personas que creían en el Padre de los Cielos, a menudo debatían acerca de estas cuestiones tan complejas, pero sus respuestas no eran muy convincentes. Sin embargo, había también otra gente que no creía en el Padre de los Cielos y que **tenía una respuesta muy sencilla a todas estas preguntas.**

—Yo sí que sé por qué hay tanto sufrimiento en el mundo —dijo Leonor.

—¿Por qué? —preguntaron los demás.

—Tanto los cristianos como los musulmanes se equivocan al afirmar que hay un único gran dios que creó el mundo entero. En realidad, ¡hay dos grandes dioses! Está el Príncipe de la Luz, que es bueno, y el Príncipe de las Tinieblas, que es el diablo. El primero creó todas las cosas buenas: la felicidad, el amor y los animales bonitos, como los corderos y las mariposas. Y el segundo creó todo lo malo: el dolor, el odio y los animales despiadados, como los tigres y las águilas. El diablo es el responsable de las guerras y las enfermedades.

Los otros la escuchaban con atención.

—Continúa, por favor —le pidió Fátima.

—El Príncipe de la Luz siempre está luchando contra el diablo, intentando detenerlo. Cuando gana la luz, ocurren cosas buenas. En cambio, cuando gana el diablo, suceden cosas malas, como lo de mi familia y lo de tu madre, Fátima. El Príncipe de la Luz es muy poderoso, pero no puede hacer todo lo que le apetezca porque el diablo tiene también mucho poder. Los humanos deberíamos ayudar al Príncipe de la Luz a vencer al diablo, así no habría más dolor, guerras ni enfermedades.

—¿Y cómo podemos ayudar al Príncipe de la Luz? —quiso saber Fátima.

—Haciendo cosas buenas.

La historia del Príncipe de la Luz y el diablo era muy antigua. Se empezó a contar en Persia más de un milenio antes de la conferencia de Karakórum. Por aquel entonces, al dios bueno lo llamaban Ahura Mazda, y al malo, Angra Mainyu. Con el paso de los años, el nombre de estos dos dioses fue cambiando. A veces la gente llamaba al dios malvado Ahriman, Satanás, Lucifer, Iblís o el diablo, pero la historia era básicamente la misma. Era una narración muy convincente y tenía una gran ventaja en comparación con la historia del Padre de los Cielos: explicaba sin problemas por qué ocurrían tantas cosas malas en el mundo, incluso a personas buenas.

La historia era tan convincente que hasta los cristianos y los musulmanes comenzaron a repetirla. Mantenían que solo existía un gran dios, el Padre de los Cielos, pero, si alguien les preguntaba por qué había tantas guerras y enfermedades, respondían: «Ah, eso es culpa del diablo».

En realidad, no tenía demasiado sentido que los cristianos y los musulmanes que creían en el Padre de los Cielos también creyeran en el diablo. Si, como afirmaban ambas religiones, el Padre de los Cielos lo creó todo y podía hacer lo que quisiera, entonces ¿por qué creó al diablo? **¿Por qué no se lo quitó de encima sin más?** No había una buena respuesta a esto, pero a veces la gente acaba creyéndose cosas que no tienen mucha lógica…, y al final una gran cantidad de cristianos y musulmanes terminaron creyendo tanto en el Padre de los Cielos como en el diablo.

¿UN TERCER DIOS?

—O sea —le dijo Mateo a Leonor—, ¿no piensas que haya un gran dios que controla todo el mundo?

—No —respondió ella.

—¿Lo que crees es que hay dos dioses, uno bueno y uno malo, que luchan para tener el control del mundo?

—Sí.

—¡Pero eso no tiene sentido! —exclamó Mateo.

—¿Por qué no? —quiso saber Leonor.

—Bueno, porque, si el mundo es un campo de batalla donde luchan dos dioses opuestos, ¿quién decide las normas del combate? ¿Quién decide qué tienen que hacer el dios bueno y el dios malo para vencer al otro?

—¿Qué quieres decir? —preguntó Leonor, confundida.

—Pongamos que dos ejércitos se enfrentan en una guerra —empezó Mateo—. Pueden luchar el uno contra el otro porque ambos están sujetos a unas leyes que no pueden cambiar.

—¿Qué leyes? —insistió Leonor.

—Las leyes de la naturaleza —contestó Mateo—. Por ejemplo, si una catapulta dispara una piedra hacia el cielo, luego la piedra cae y puede que golpee a alguien en la cabeza y mate a esa persona. Aunque los dos ejércitos no se pongan de acuerdo en nada, ambos están sujetos a estas leyes. Si cada ejército pudiera inventarse distintas leyes de la naturaleza, 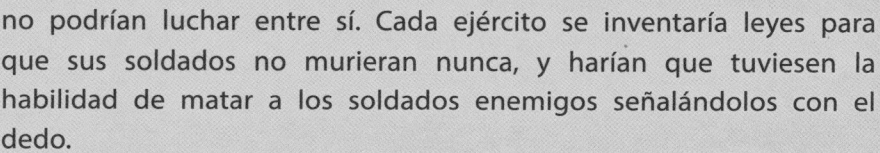 no podrían luchar entre sí. Cada ejército se inventaría leyes para que sus soldados no murieran nunca, y harían que tuviesen la habilidad de matar a los soldados enemigos señalándolos con el dedo.

»Aunque, en nuestro mundo, a veces los soldados se matan entre sí en las guerras porque no pueden cambiar las leyes de la naturaleza. Todo el mundo está sujeto a ellas, te guste o no. Pero, si todo el universo fue creado por dos dioses que están luchando de forma constante, ¿cuál de los dos creó las leyes de la naturaleza y cuál estableció las leyes que deben aplicar en sus enfrentamientos? Si las creó el Príncipe de la Luz, se inventaría unas normas que lo favoreciesen a él, lógicamente. Y, si lo hizo el diablo, formularía normas malvadas que lo ayudasen a ganar siempre.

—Ya te entiendo —dijo Leonor—. O sea, parece que las leyes las creó otro ser. Alguien más poderoso que ellos, capaz de hacer que ambos lo obedezcan.

—Pero, esperad —intervino Qulan—, eso significa que el universo no lo crearon el Príncipe de la Luz y el Príncipe de las Tinieblas y que ninguno de los dos determina las leyes que lo controlan todo. Hay alguien más poderoso que ambos y que creó el universo.

—Pero ¿quién es este ser tan poderoso al que obedecen ambos dioses? —se preguntó Fátima en voz alta—. ¿Es un tercer dios que los creó a ambos? Si es así, ¿por qué hizo un mundo donde hay tanto sufrimiento?

—Puede que al tercer dios le dé igual que la gente sufra —comentó Leonor—. Tal vez le guste atormentar a las personas y los animales que ha creado, como un niño que le arranca las alas a una mosca y se ríe de ella. O quizá solo hay un dios que lo ha creado todo… y es un ser malvado.

Se quedaron en silencio sin saber qué pensar. No sabían cuál de esas historias era cierta. Y lo mismo les ocurrió a los adultos que debatían precisamente acerca de esas cuestiones en el palacio de Möngke: todas esas personas tan sabias estuvieron debatiéndolo durante mucho tiempo y no lograron ponerse de acuerdo sobre si había varios dioses, si había dos o si solo había uno, ni tampoco sobre quién sería este único dios. El kan jamás consiguió la respuesta que buscaba.

¿POR QUÉ SUFRIMOS?

Parecía que ninguna de las historias que se contaban sobre los dioses lograba explicar el mundo, aportar paz a la gente ni protegerla del sufrimiento. Por ello, algunos sabios argumentaban que no servía de nada discutir sobre los dioses. ¿Qué más daba? Los seres humanos lo que debían hacer es intentar averiguar qué provocaba tanto sufrimiento en el mundo y cómo podían detenerlo.

Una de las personas que opinaba esto era un joven llamado Siddharta, que vivió en la India más de mil quinientos años antes de la conferencia de Karakórum. Siddharta era un príncipe y se crio en un palacio. Desde pequeño, **mostraba interés en entender por qué había tanta miseria en el mundo,** y habló con gente de muchos territorios distintos.

Siempre les preguntaba qué era lo que les provocaba una mayor infelicidad, y mucha gente decía que era el hecho de no tener suficiente dinero, terrenos o comida.

—Si fuese rico y famoso —decían—, ¡sería muy feliz! Por eso cada día les rezo a mis dioses para que me den fortuna y fama.

Muchísimas personas respondían lo mismo, pero a Siddharta no le cuadraba. Como era un príncipe que vivía en un palacio, conocía a la gente más rica, famosa y poderosa de su época. Y se dio cuenta de que no siempre eran felices, a pesar de tener dinero, terrenos y comida.

Había gente rica que tenía montañas de oro y plata, casas grandes, las mejores exquisiteces y un gran número de sirvientes y esclavos que hacían todo lo que ellos les ordenaban. Pero, aun así, no eran felices. Estaban celosos de las personas que tenían más dinero que ellos y les asustaba que alguien les robara el oro o que una plaga les arruinara los cultivos. Y, sobre todo, les daba mucho miedo que el rey les arrebatara todos los terrenos y el dinero.

Siddharta también conocía a unos cuantos reyes. Algunos de ellos tenían grandes imperios y docenas de miles de soldados bajo sus órdenes, pero seguían sin ser felices. Sentían celos de los reyes que disponían de imperios y ejércitos más grandes. Les daba miedo que otro rey les arrebatase el imperio y, sobre todo, les atemorizaba que alguno de sus soldados intentara matarlo para coronarse como rey.

Luego estaban los sacerdotes. Siddharta había conocido a sacerdotes que aseguraban que lo sabían todo acerca del mundo. Afirmaban que sabían qué dioses gobernaban nuestra existencia, qué querían y cómo rezarles para obtener su ayuda.

—Si le rezas al dios adecuado —decían—, comes lo que te ordena y haces ayuno cuando te indica, entonces él te ayudará y serás muy feliz.

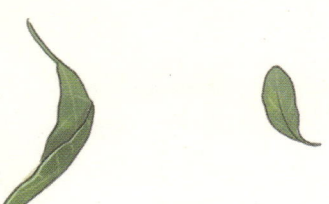

No obstante, los sacerdotes no siempre eran felices. Se ponían hechos una furia cuando otros sacerdotes los contradecían y contaban historias distintas. Les daba miedo que el rey decidiera escuchar a otro sacerdote y, sobre todo, les aterraba que quizá, en realidad, no lo sabían todo acerca del mundo.

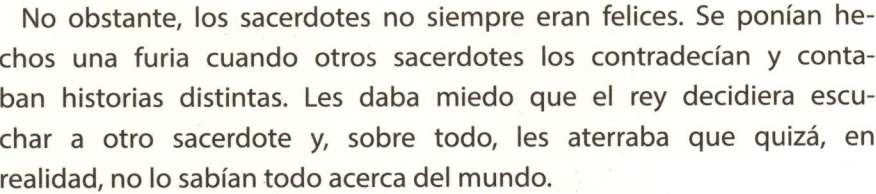

Siddharta se percató de que **los celos, la rabia y el miedo, todo aquello que hacía infelices a las personas, incluso a la gente rica, era igual en todas partes**. En todos los países, la gente rica sentía envidia. Los reyes tenían miedo. Los sacerdotes se enfadaban. Daba igual dónde vivieran, qué idioma hablaran o en qué dioses creyeran.

Además, se dio cuenta de una cosa muy rara: quienes nos hacen sentir mal no son los extranjeros, sino las personas a las que más queremos. Nuestros padres nos hacen daño cuando nos gritan y nos castigan. Nuestros hermanos nos hacen daño cuando se burlan de nosotros o nos quitan nuestros juguetes. Nuestros amigos nos hacen daño cuando se ríen de nosotros o se niegan a jugar con nosotros. Y a menudo nosotros también les hacemos daño a ellos. «¿Por qué se hacen daño dos personas que se quieren?», reflexionó Siddharta.

Parecía que nadie tenía la respuesta a esta pregunta ni sabía cómo terminar con todo el sufrimiento. Así que Siddharta decidió explorarlo por sí mismo, y **sus hallazgos cambiaron el mundo**. La gente empezó a llamarlo «Buda», que significa «el que sabe escapar del

sufrimiento», y a día de hoy todavía hay millones de personas que creen en sus descubrimientos. En el año 1254, en Karakórum, había gente que ya conocía su historia.

MI PEOR ENEMIGO

Después de hablar con los chicos y las chicas del albergue, Fátima se quedó muy confundida, de modo que salió a dar un paseo. Mientras reflexionaba sobre por qué había tanto sufrimiento en el mundo, de pronto alguien le gritó:

—¡Eh, tú, detente!

La chica paró en seco y vio a un muchacho con una túnica de color azafrán.

—¿Por qué me has gritado?

—Has estado a punto de aplastar una hormiga —dijo él—. Perdona por haberte sobresaltado. Soy Anand.

—Oh. —Fátima estaba un poco extrañada—. Estaba tan concentrada que no os había visto ni a la hormiga ni a ti. Yo soy Fátima, por cierto. Oye, hum, ¿y por qué te preocupas tanto por una hormiga?

—Las hormigas también sienten dolor, ¿sabes? Me lo explicó mi profesor.

—¿Quién es tu profesor? ¿Un cura o un ulema? Si tanto te preocupa el dolor de algo tan pequeño como una hormiga, quizá tu profe-

sor y tú me podríais explicar por qué hay tanto sufrimiento en el mundo.

—Mi profe es un erudito famoso de la isla de Sri Lanka. Enseña a la gente los descubrimientos de Buda. Estamos en Karakórum por la conferencia, pero no me interesan demasiado los debates que están haciendo en el palacio del kan. Yo solo intento entender qué es lo que provoca todo el sufrimiento del mundo. ¡Pero es muy complicado! O sea, por supuesto, entiendo algunas partes. Todos sabemos que a veces sufrimos por culpa de cosas que nos hacen los demás.

—Claro —coincidió Fátima—. A veces nos invaden enemigos de otros países y eso nos hace infelices. O alguien nos humilla y entonces nos sentimos mal. ¡Yo me siento fatal cuando mi padre me grita!

—Pero ¿te has fijado en que **a veces estamos mal por cosas que nos provocamos a nosotros mismos**? Mi profe dice que la persona que más daño me hace en todo el mundo no es ningún extranjero, ni un vecino, ni tampoco uno de mis hermanos o mis padres… Soy yo mismo.

—¿En serio? ¿Por qué iba a hacerme daño a mí misma? —preguntó Fátima.

—Bueno, pongamos que tienes que completar alguna tarea antes de que puedas salir y jugar con tus amigos. Lo mejor sería que terminaras cuanto antes, ¿no?

—¡Sí! Como cuando mi padre me pone problemas de mates para que los resuelva y me dice que no puedo salir hasta que termine. Quiere que se me den bien las mates.

—¿Y alguna vez, cuando intentas concentrarte en el problema de mates, empiezas a pensar en que tus amigos ya se lo están pasando bien fuera, mientras que tú estás encerrada dentro? Eso seguramente hace que te cueste más concentrarte, así que tardas más en resolver el problema de mates, y eso significa que no puedes reunirte con tus amigos. Y quizá te enfadas con tu padre por haberte puesto el ejercicio de mates…

—¡Exacto! —exclamó Fátima—. Y también me enfado conmigo misma. No entiendo por qué sigo pensando en mis amigos. Si lograra concentrarme en las mates, ¡resolvería el problema enseguida y podría salir a jugar! A veces les grito a los pensamientos que tengo en la cabeza y les digo que me dejen en paz, pero se quedan allá molestándome.

—A mí también me pasa —admitió Anand—. Por mucho que lo intente, no sé de dónde salen esos pensamientos tan molestos. ¿Quién los crea?

—Es una buena pregunta. En mi caso, tengo claro que no es mi padre quien crea esos pensamientos tan molestos. ¿Los creo yo misma? Pero **¿por qué iba a pensar cosas que me hacen sentir fatal?**

—Eso mismo me pregunta siempre mi profe —comentó Anand—, pero no consigo encontrar la respuesta. Hace un año, mi mejor amigo, Tashi, me insultó delante del resto del grupo. Estábamos todos comiendo tarta y Tashi dijo que yo parecía un cerdo por la manera en que comía, y todos se rieron de mí. Seguramente él ni siquiera se acuerda, pero, por algún motivo, yo lo tengo clavado en la memoria. A veces el recuerdo aparece de la nada, y cada vez me siento humillado.

$$\left\{ \left[(6\cdot4)+7^2 \right] \cdot \sqrt{9} - \left(\frac{1}{3}\cdot18 \right) - 60 + 40 - \left(7\cdot\pi\cdot\sqrt{a}\cdot0 \right) + \sqrt{100} - \left(3\cdot10\cdot\frac{2}{3} \right) - 5 + 0 - 32 \right\} \cdot b\cdot c = \,?$$

—¿Y no puedes dejar de pensar en ello?

—¡No! Es muy raro. Entiendo que nuestros enemigos quieran hacernos daño, pero ¿por qué querrían hacerlo nuestros propios pensamientos y recuerdos? ¿Y por qué no podemos detenerlos? Cuando me voy a dormir, les digo a mis piernas que se relajen y a mis ojos que se cierren, pero **¿por qué no puedo decirles a mis pensamientos que se detengan?** Mi profesor dice que es porque mi mente es débil y debería hacer más ejercicios.

—¿Como saltar a la comba y hacer el pino?

—No, me refiero a ejercicios para la mente —explicó Anand—. Por ejemplo, mi profe dice que cierre los ojos y me concentre en la sensación del aire que me entra por la nariz y luego sale por los mismos orificios. Tengo que hacerlo durante una hora cada día. Y, si mientras tanto aparece algún recuerdo que me hace enfadar o algún pensamiento molesto, debería ignorarlos y concentrarme en la respiración.

—¿Y funciona?

—Un poco, pero no mucho —admitió el chico—. A menudo, al cabo de un minuto o incluso unos segundos empiezo a pensar en qué habrá para cenar o me acuerdo de cuando Tashi y los demás se rieron de mí, y me olvido por completo de la respiración. Pero mi profe insiste en que tendría que continuar haciendo el ejercicio porque me permitirá aprender una lección muy importante acerca de por qué sufrimos tanto en la vida.

—¿Cuál? —preguntó Fátima, ansiosa por oír la respuesta.

—Nos enseña que en realidad no entendemos qué ocurre dentro de nosotros mismos. No sabemos de dónde vienen los pensamientos, los recuerdos ni los sentimientos. Y, como no podemos controlarlos, a menudo hacemos daño a la gente a la que queremos e incluso a nosotros mismos. Por ejemplo, es probable que en mi caso Tashi solo quisiera conseguir un trozo de pastel más grande y soltara lo primero que le pasó por la cabeza. No quiero seguir recordando lo que me dijo, pero no puedo controlar mis recuerdos y me enfado. A veces es como una tetera en la que empieza a hervir el agua y al final derrama el líquido caliente por todas partes: la rabia que siento provoca que sea borde incluso con mis amigos y termino haciendo que ellos se sientan fatal. Los pensamientos y los recuerdos nos llenan de avaricia o rabia, y entonces es imposible que seamos felices. Ni siquiera las peores guerras de la historia empezaron por culpa de unos dioses malvados, sino porque la gente tiene recuerdos que los ponen de mal humor y pensamientos que los hacen actuar con avaricia.

Esto es lo que descubrió Buda hace miles de años, y se puede aplicar a todas las personas que han vivido hasta ahora en este planeta. Independientemente de sus dioses y su idioma, las personas a menudo sienten avaricia o rabia, y eso hace que sean infelices. También provoca que le hagan daño a la gente de su alrededor, en lugar de cooperar para superar desastres naturales, como plagas o terremotos. Así ha ocurrido con todos los pueblos. Todos han sentido avaricia y rabia y entonces se han hecho daño a sí mismos y a los demás. Les pasa incluso a algunos animales, como los tigres y las águilas.

UNA ESCAPATORIA

Buda quería saber por qué sucedía todo esto. ¿Cómo se decide qué pensamiento o recuerdo nos viene a la cabeza en cada momento? Estudió con atención lo que ocurría dentro de él y descubrió que no había ningún dios que produjera esos sentimientos. Cada persona y cada animal generamos avaricia y rabia en nuestra mente de forma constante, y eso nos hace sentirnos fatal y que queramos extender esa sensación a la gente de nuestro alrededor haciendo daño a los demás. Y, cuando los demás se sienten mal, nos hacen daño también a nosotros y consiguen que nos sintamos aún peor. Así es como la infelicidad crece y se multiplica.

—Entonces ¿es eso lo que provoca todo el sufrimiento del mundo? —preguntó Fátima—. ¿Por eso hay tantas guerras y la gente a veces se siente fatal aunque estemos en paz?

—Eso dice mi profe. No es por culpa de un dios malvado. Si nosotros continuamos produciendo avaricia y rabia y toda clase de pensamientos molestos, no podremos ser felices. Ni siquiera aunque seamos un gran emperador, como Möngke Kan, con millones de monedas de oro y miles de soldados. Su ejército puede derrotar y matar a todos sus enemigos, excepto a uno: los pensamientos molestos que él mismo tiene en la cabeza.

—¿Podemos dejar de producir avaricia y rabia? —reflexionó Fátima—. Si aprendiera a producir alegría y amor en lugar de avaricia y rabia, creo que podría ser feliz aunque no tuviera ninguna moneda de oro ni ningún soldado.

—Según mi profe, eso es exactamente lo que hizo Buda. Durante muchos años, practicó cómo producir alegría y amor en lugar de avaricia y rabia. Y descubrió que es como enseñarle al cuerpo a nadar o a usar la boca y los dedos para tocar la flauta y producir una melodía preciosa. También puedes entrenar la mente.

Buda entrenó a mucha gente, y fueron de país en país entrenando a más y más gente de todo el mundo. Hoy en día, podemos encontrar hombres y mujeres en casi todos los países que intentan poner en práctica las enseñanzas de Buda, y la mayoría de ellos se definen como «budistas».

No obstante, es una práctica muy compleja. Para llegar a ser un nadador o un flautista experto, debes practicar cada día durante muchos años. Con esto pasa lo mismo: tienes que practicar mucho si quieres producir amor en lugar de odio. Poner en práctica las enseñanzas de Buda era tan difícil que había personas que reconocían que su descubrimiento era algo bueno pero, aun así, no lo aplicaban. Muchos budistas siguieron produciendo una gran cantidad de avaricia y rabia en la mente y haciendo daño a los demás, luchando en guerras y asesinando a gente. Algunos incluso se enfadaban tanto si alguien se negaba a creer que Buda había encontrado una manera de vencer a la rabia que le daban una paliza a esa persona o la mataban.

LIBERTAD

Cuando Buda compartió con la gente sus hallazgos, no le prohibió a nadie que creyera en el dios o los dioses que quisiera. Él solo dijo que era inútil discutir sobre los dioses y que le parecía más importante encontrar una forma de acabar con el sufrimiento. Buda no es la única persona que ha pensado así a lo largo de los años. En los últimos tiempos, mucha gente ha llegado a conclusiones similares. Creen que es imposible que todo el mundo pueda ponerse de acuerdo sobre a qué dios se debe venerar, qué se debe comer, qué ropa hay que vestir, etc. Así pues, las personas deberíamos ponernos de

acuerdo en una sola norma básica: «Esfuérzate al máximo para ayudar a los demás en lugar de hacerles daño». Si sigues esta norma, podrás hacer todo lo que quieras y creer en tantos dioses como te apetezca o en ninguno en absoluto.

Esta norma da a la gente tanta libertad que las personas que la siguen a menudo son calificadas como «liberales». Esta palabra proviene del latín «libertas», que significa «libertad». Según los liberales, ser buena persona no tiene nada que ver con obedecer a ningún dios. Ser buena persona significa no hacerle daño a nadie. Claro que puedes creer en los dioses que quieras, pero también puedes ser buena persona aunque no creas en ninguna divinidad. Los liberales argumentan que, cuando estamos intentando determinar si una cosa está bien o no, tendríamos que preguntarnos si nuestras acciones harán daño a alguien. **Siempre y cuando no le hagamos daño a nadie, tendríamos la libertad para hacer lo que queramos.**

Por ejemplo, los liberales coinciden con los cristianos y los musulmanes en que no se debe matar a nadie. Pero no porque un dios lo prohíba o porque les dé miedo ir al infierno. No, los liberales explican que «no tendrías que matar porque eso provocaría un sufrimiento tremendo a esa persona y también a su familia y sus amigos. Es más: incluso te provocaría mucho sufrimiento a ti. Así pues, aunque no exista ningún dios, no deberías matar a nadie».

¿Y qué hay de la ropa? Algunas personas opinan que todo el mundo debería llevar un tipo de sombrero muy concreto porque así lo dijo un gran dios. Pero ¿y si tú quieres ponerte un sombrero distinto o no quieres usar ninguno? Los liberales dicen: «Tienes la libertad de utilizar el sombrero que te apetezca».

Hay gente que piensa que en un día concreto del año nadie tiene permiso para comer porque una divinidad quiere que ayunemos ese día. Pero ¿y si tienes hambre y quieres comer? No le haría daño a nadie. Entonces los liberales dicen: «Si quieres ayunar, tienes la libertad de hacerlo. Y, si quieres comer, también tienes la libertad de hacerlo. Siempre y cuando no le hagas daño a nadie, puedes actuar como quieras».

Esta norma parece muy buena, pero, por desgracia, ni siquiera los liberales la han seguido a raja tabla. De hecho, han llegado a librar guerras para obligar al resto de la gente a seguir su norma de evitar hacerles daño a los demás. Es mucho más fácil decir algo que hacerlo. Es fácil decir que crees en una norma, pero es mucho más difícil aplicarla. Y lo que importa no son las palabras de la gente, sino sus acciones.

ES MÁS FÁCIL DECIRLO QUE HACERLO

Hay una historia de dos vecinos, Baba y Gugu, que se contagiaron de la misma enfermedad y cada uno fue a ver a un médico distinto.

—Cómete una naranja por la mañana, otra por la tarde y otra por la noche —dijo el médico de Baba—, y dentro de un mes ya estarás bien.

Para asegurarse de que Baba no se olvidara, le escribió las instrucciones en un papel.

En cambio, el médico de Gugu le dio unas pastillas y le dijo:

—Tómate una pastilla por la mañana, otra por la tarde y otra por la noche, y dentro de un mes ya estarás bien.

Para asegurarse de que Gugu no se olvidara, le escribió las instrucciones en un papel.

Cuando Baba y Gugu se encontraron de camino a casa, compartieron lo que les había dicho el médico y empezaron a discutir.

—¡Naranjas! —exclamó Gugu—. ¡Vaya tontería! Mira lo que dice en el papel que me ha dado mi médico: ¡pastillas!

—¡Pero en el papel que me ha dado mi médico claramente dice «naranjas»! —insistió Baba.

—¡Tu médico es estúpido!

—¿Cómo te atreves? —replicó Baba, aireada—. ¡Es el mejor médico del mundo! Tu médico sí que es estúpido. ¡Esas pastillas que te ha dado seguro que harán que te pongas aún peor!

—¡Mis pastillas van genial!

—¡Mis naranjas son un millón de veces mejores que tus pastillas! ¡Tu médico es idiota de remate, y tú también por creerlo!

Gugu se enfadó tanto que le dio una bofetada a Baba. Baba se la devolvió, y unos instantes después estaban ambos en el suelo pegándose. Lucharon un buen rato, y al final ni Gugu se tomó las pastillas ni Baba se comió una sola naranja.

Esto pasa a menudo en todo el mundo. La gente tiene opiniones muy firmes sobre cómo deberían comportarse los demás, y discuten y se

pelean por ello. Algunas personas hablan mucho sobre el amor…, pero en realidad están llenas de odio. Algunas personas dicen que creen en la paz…, y luego empiezan guerras. Algunas personas dicen que la norma más importante es no hacerles daño a los demás…, pero después consiguen que toda la gente de su alrededor se sienta fatal. ¿Puede que conozcas a alguien que intenta convencer a los demás para que sigan una norma pero esa persona es la primera que no la aplica?

CÓMO SE CONVIRTIERON EN NOSOTROS

Con el paso de los milenios, la gente se inventó historias distintas para justificar sus normas. Es difícil decir cuáles eran las mejores normas o las historias más ciertas. Hay personas que siguen debatiéndolo a día de hoy, igual que hicieron los sabios en el palacio de Möngke Kan. Y a veces también se pelean, como Constantino y

Mateo. Pero lo peor de todo es que todavía hay personas que hacen daño o matan a cualquiera que no se crea sus historias.

Con el tiempo, la gente fue cambiando de opinión acerca de todas estas cosas. Sus creencias, idiomas, vestimenta y comida fueron variando. El mundo no está dividido en cajitas perfectamente ordenadas que permanecen inalterables, como afirman algunas personas, sino que las cajitas se mezclan y cambian todo el tiempo. A veces esto implica mucha violencia, como cuando un país conquista a otro. Otras veces ocurre de forma pacífica, como cuando una persona va al mercado a hacer negocios y se enamora de un extranjero. Pero, con independencia de cómo ocurra y dónde vivas, sin duda **tienes una gran deuda con muchas personas distintas que vivieron en muchos países extranjeros.**

Si tu familia cree en un dios, es probable que sea porque unos extranjeros de otro país les hablaron de ese dios a tus antepasados en algún momento. Y lo mismo se aplica al idioma que utilizas. La mayoría de las palabras que usamos provienen de algún extranjero. Por ejemplo, el castellano ha adoptado muchas palabras a través del latín y el árabe. La palabra «música» proviene del latín «musica», que a su vez proviene del griego «mousike». Y la palabra «ajedrez» proviene del árabe hispánico «aššaṭran☒», que a su vez proviene del árabe clásico «šiṭran☒», y este viene del pelvi «čatrang», que se originó del sánscrito «chaturaṅga». Intenta imaginarte una larga fila de personas que se van pasando una palabra de una en una, hasta que al final llega a tu oreja y, a continuación, sale por tus labios.

Sucede lo mismo con la comida que te llevas a la boca. Gran parte de esos alimentos los cultivan extranjeros que viven en la otra punta del planeta. Pero incluso la comida que se cultiva y se prepara en tu país seguramente la descubrió un extranjero en un territorio lejano. Por ejemplo, ¿te gusta el chocolate? Los primeros que aprendie-

ron a convertir los granos de cacao en unos dulces muy ricos vivieron hace más de cinco mil años en los bosques tropicales de Amazonia. Cada vez que te metes una onza de chocolate en la boca, tendrías que darle las gracias a esta gente.

Hace miles de años, en China descubrieron cómo preparar té vertiendo agua caliente sobre las hojas del árbol de té. A esta bebida la denominaron «te» o «chá». Desde China, la afición por el té se expandió por una gran cantidad de territorios. Hoy en día, se cultivan árboles de té en muchos otros países, como la India, Kenia y Argentina, y el té se ha convertido en la bebida más habitual de todo el mundo, después del agua. Todas las personas que beben té en la actualidad deberían darles las gracias a los chinos de la Antigüedad.

¿Y te gustan los dulces? Pues tendrías que agradecérselo al pueblo de Nueva Guinea, porque hace ocho mil años fueron los primeros en cultivar cañas de azúcar y elaborar azúcar a partir de esta planta.

Ahora piensa en los juegos que te gustan. El fútbol lo inventaron los británicos, el taekwondo lo inventaron los coreanos y el ajedrez lo inventaron los indios. Así pues, cuando chutes el balón hacia la portería, estás siendo un poco británico; cuando practicas taekwondo, te sale la vena coreana; y, cuando mueves uno de los peones del ajedrez, ahí está tu vínculo con la India.

Pasa lo mismo con la música que escuchas, las series de televisión que ves y los libros que lees. Todos ellos provienen de distintos países. Este libro que estás leyendo ahora mismo lo han escrito e ilustrado personas de Israel, Alemania y España.

Es decir, ser diferente o extranjero no puede ser tan malo. Si todas las personas de tu país fuesen idénticas y solo pudieras usar cosas que ha hecho la gente de tu país, ¿cómo sería tu vida? Tu familia y tú os sentaríais a la mesa con una comida limitada y no podríais jugar a ciertos juegos ni deciros muchas palabras.

De hecho, incluso tu familia está llena de personas de países distintos. Si retrocedieras en el tiempo y te fijaras en tu abuela, y en su abuela, y en la abuela de esta, tarde o temprano te encontrarías a algún extranjero: alguien que vivía en un país lejano, creía en dioses que no conoces y hablaba un idioma que no entiendes. **Los dioses, la comida, los juegos y las palabras no son lo único que ha llegado a tu país del extranjero, sino también las personas que hicieron el viaje.** Algunas llegaron hace diez años, otras hace cien y otras muchas hace varios milenios.

Nuestros antepasados eran muy diferentes a nosotros. Con el paso del tiempo, la gente fue cambiando y se convirtió en nosotros. Y nosotros seguiremos cambiando, de modo que nuestros descendientes serán muy diferentes a nosotros.

Aquellas personas que afirman que el mundo se divide en cajitas le tienen miedo al cambio porque creen que las personas distintas no pueden llevarse bien y siempre se pelean, pero eso no es cierto. Sí, claro que a veces la gente se pelea…, pero no es necesariamente porque sean diferentes. Muchas veces, la gente se pelea con las personas que se parecen más a ellos, como, por ejemplo, sus familiares. Por otro lado, dos extranjeros que sean completamente distintos el uno del otro pueden llevarse la mar de bien e incluso podrían llegar a enamorarse y formar una familia. Hasta los enemigos pueden convertirse en amigos.

EL MAYOR DESCUBRIMIENTO DE TODA LA HISTORIA
—

Ahora ya sabes que ser diferente no es algo malo: dos personas diferentes pueden llevarse muy bien, y que todas las cosas y toda la gente cambian con el paso del tiempo. Ya sabes que, cuando coinciden unos extranjeros, a veces hacen negocios, otras veces se pelean, a menudo charlan…, pero siempre cambian. Sabes que nuestros antepasados en algún punto también fueron extranjeros y que, de forma gradual, se convirtieron en las personas que somos hoy en día. Y sabes que tal vez nuestros antepasados hicieron cosas muy malas, pero nosotros podemos comportarnos de otra manera.

Asimismo, sabes cómo se prepara la salsa de pescado podrido, sabes qué es un imperio, sabes cómo funciona el dinero y sabes por qué sería terrible que una persona tuviese el poder de convertir en oro todo lo que tocara. Sabes también que los romanos primero conquistaron a los griegos y los judíos, pero que luego ayudaron a extender el teatro griego y la creencia judía del Padre de los Cielos.

Sabes muchas historias sobre dioses, dragones y hormigas. Sabes que la historia del Padre de los Cielos no explica por qué hay gente buena que sufre. Sabes que la historia del Príncipe de la Luz y el Príncipe de las Tinieblas no explica cómo es posible que estos dos dioses luchen entre sí. Y sabes que, a pesar de todas las historias que contaba la gente, le costaba mucho entender qué estaba ocurriendo en el mundo y en el interior de su cuerpo y de su cabeza. ¿Cómo empiezan las enfermedades? ¿Cómo aparecen los pensamientos en nuestra mente? ¿De dónde vienen la avaricia y la rabia?

Las personas no lograban ponerse de acuerdo sobre de dónde vienen los humanos ni sobre cómo se creó el mundo. Tampoco eran capaces de ponerse de acuerdo sobre por qué había tanto sufrimiento en el mundo y qué se podía hacer al respecto. **Diferentes personas contaban distintas historias, y todas estaban seguras de que su historia era la correcta.** Pero lo único que era cierto acerca de toda la gente es que, independientemente de la historia que creyeran, seguían sufriendo hambre, enfermedades y guerras. En todo el planeta se hablaba mucho sobre estos problemas, pero nadie lograba solucionarlos.

Entonces se hizo el mayor descubrimiento de la historia, y lo cambió todo. Ayudó a la gente a explorar el mundo, e incluso lo que ocurría dentro de su cuerpo y de su cabeza.

Este gran descubrimiento es la ciencia. La ciencia es el método que usamos hoy en día para determinar qué historias debemos creernos, explorar qué es lo que provoca las guerras y encontrar soluciones para la hambruna y las enfermedades. Asimismo, la ciencia nos ayuda a entender cómo surgen los pensamientos y los sentimientos, y de dónde venimos los humanos.

Es gracias a la ciencia que ha sido posible escribir este libro y que en el presente tenemos tanta información sobre la gente de la antigua Cartago, el Imperio romano y la época de Jesús, Buda y Möngke Kan. Los arqueólogos que hallaron barcos antiguos y estudiaron sus cargamentos y aquellos que descubrieron las ciudades perdidas de Uruk, Cartago, Éfeso y Karakórum son científicos. Otros científicos dedican su vida a aprender idiomas antiguos, como el latín, y a estudiar historias antiguas sobre dioses olvidados, como Inanna, Baal, Artemisa y Zeus.

Pero los científicos han hecho mucho más que eso. **Nos han dado los poderes que se suponía que tenían los dioses antiguos, e incluso más.** En las historias antiguas, los dioses podían ver y oír cosas que ocurrían en la otra punta del mundo y, además, podían surcar el cielo. Ahora, gracias a la ciencia, cualquier niño o niña con un móvil es capaz de ver y oír cosas que están sucediendo en la otra punta del planeta. Y podemos surcar el cielo con helicópteros, aviones y naves espaciales.

En las antiguas historias, Zeus podía matar a gente desde lejos con sus rayos, y Artemisa acababa con sus víctimas de una en una con sus flechas mágicas. Actualmente, la ciencia les ha dado poderes aún más destructivos a los presidentes de los gobiernos y los generales de los ejércitos. Ahora pueden matar a millones de personas de golpe usando misiles y bombas nucleares mucho más poderosos que cualquier flecha o rayo.

Por supuesto, la ciencia también nos ha proporcionado el poder de curar a la gente. Los dioses de las antiguas historias podían sanar a las personas enfermas, y ahora la ciencia les ha dado esta habilidad a los médicos y los inventores humanos. Cuando alguien se pone enfermo, ya no va al templo, sino que acude a un hospital, donde unos médicos humanos pueden tratarlo con la ayuda de los medicamentos que han creado unos científicos humanos.

Las antiguas historias decían que Zeus y Artemisa podían crear animales y humanos. Ahora la ciencia les ha proporcionado a algunas personas la habilidad de crear no solo animales y humanos, sino también criaturas completamente nuevas que ninguna mitología antigua podía haberse imaginado, como cíborgs y la inteligencia artificial (IA).

La ciencia incluso está intentando hacer realidad el sueño del rey Gilgamesh de Uruk. Quiere darnos a los humanos algo que ningún dios nos ha podido ofrecer jamás: una forma de vencer a la muerte y vivir para toda la eternidad.

Pero ¿qué es la ciencia, exactamente, y de dónde vino? ¿En qué se diferencia de todas las historias que la gente contaba sobre dragones y dioses? ¿Y cómo puede ayudarnos a resolver los problemas de hambruna, las enfermedades y las guerras?

Esa es otra historia muy distinta.

AGRADECIMIENTOS

Cuando te comes un higo o una naranja, tienes que agradecérselo al árbol entero. Muchas hojas han recibido la luz del sol y numerosas raíces han absorbido el agua para que así, combinándolo todo, se forme un fruto. Ocurre lo mismo cuando lees un libro: tienes que agradecérselo a un conjunto de personas por haberlo hecho realidad. Como todos los libros, la colección «Imparables» existe gracias al trabajo en equipo de mucha gente, desde personas encargadas de revisar todos los datos hasta editores y traductores. Todas sus contribuciones son esenciales.

En especial, quiero dar las gracias al talentoso Ricard Zaplana Ruiz por sus maravillosas ilustraciones, a Jonathan Beck por liderar el proyecto y a Susanne Stark y Sebastian Ullrich, dos profesionales muy experimentados e inspiradores, por sus consejos y sus aportaciones valiosísimos. El equipo de Sapienship, encabezado por la magnífica Naama Avital, no solo inició este increíble proyecto, sino que también ha desempeñado un papel clave en el proceso de escritura, edición, diseño, investigación y marketing global de esta colección ilustrada para jóvenes lectores (¡de todas las edades!). El equipo de Sapienship, que destaca por su gran capacidad y creatividad, incluye a Naama Wartenburg, Ariel Retik, Hanna Shapiro, Jason Parry, Shay Abel, Daniel Taylor, Michael Zur, Jim Clarke, Dor Shilton, Ray Brandon, Guangyu Chen, Nadav Neuman, Galiete Katzir, Dima Basov, Gilad Atlacevitz, Ayala Sorotsky, Anna Gontar y Chen Avraham. También quiero dar las gracias a Friederike Fleschenberg, Adriana Hunter y Adi Moreno, cuyas contribuciones han sido muy relevantes, y a Carolina Lopez-Ruiz y Anthony Kaldellis por su ayuda.

Quiero extender mis agradecimientos a todos los traductores que hacen que este libro esté disponible para mucha gente en muchos idiomas distintos.

Por último, me siento muy agradecido por el amor y el apoyo de mi madre, Pnina; mis hermanas, Einat y Liat; mis sobrinas y sobrinos, Tomer, Noga, Matan, Romi y Uri; y mi marido, Itzik, cuyo apoyo incondicional ha permitido que este libro se convierta en una realidad.

YUVAL NOAH HARARI

Gracias a Iván Vázquez y Nigio por sus consejos sobre el color. Se lo dedico a Dominique Campete, Irene Cordón, Mireia Serra y al grupito de «Nata gratis».

A todos los compañeros Homo sapiens de mi profesión: gracias por vuestros conocimientos y por la amistad.

Al equipo de profesionales que forman Sapienship: gracias por vuestra ayuda y orientación en todos los pasos del proceso creativo.

Y, por supuesto, a Yuval Noah Harari, por confiar en mis ilustraciones y permitir que viajen hasta el otro lado del mundo junto con sus textos.

RICARD ZAPLANA RUIZ

NOTA DEL AUTOR

Los acontecimientos descritos en este libro son reales, igual que los lugares y los personajes históricos, como el general cartaginés Aníbal y el emperador romano Vario. Sin embargo, para darle vida a la historia, me he tomado la libertad de inventarme algunos personajes ficticios, como la chica cartaginesa Saponíbal y el marinero romano Gayo. Hemos puesto mucho cuidado en presentar los acontecimientos tal como podrían haber ocurrido e ilustrarlos tal como habrían sido. Para saber qué sucedió hace miles de años, nos basamos en las historias y los objetos antiguos que nos dejó la gente del pasado. No obstante, con el paso de varios milenios, las historias se confunden y los objetos se pierden. Por eso hay muchas cosas que no sabemos acerca de los acontecimientos de la Antigüedad. En algunas ocasiones he tenido que llenar los huecos que nos faltan tan bien como he podido.

¿CÓMO LLAMAS A DIOS?

En este libro, he llamado «Padre de los Cielos» a la divinidad de los judíos, los cristianos y los musulmanes en lugar de simplemente «Dios», y tal vez te preguntes por qué tomé esta decisión. El motivo es que la gente de la Antigüedad creía en muchas divinidades, como Zeus y Baal, y hoy en día también hay muchas personas que creen en otros dioses, como Shiva. Puesto que todo el mundo llama «dios» a su divinidad, quería encontrar un término para diferenciar la divinidad de los judíos, los cristianos y los musulmanes de los otros dioses, aunque todos comparten muchas características similares. Opté por usar el término «Padre de los Cielos» porque estas tres religiones creen que su dios es como un gran padre que vive en el cielo.

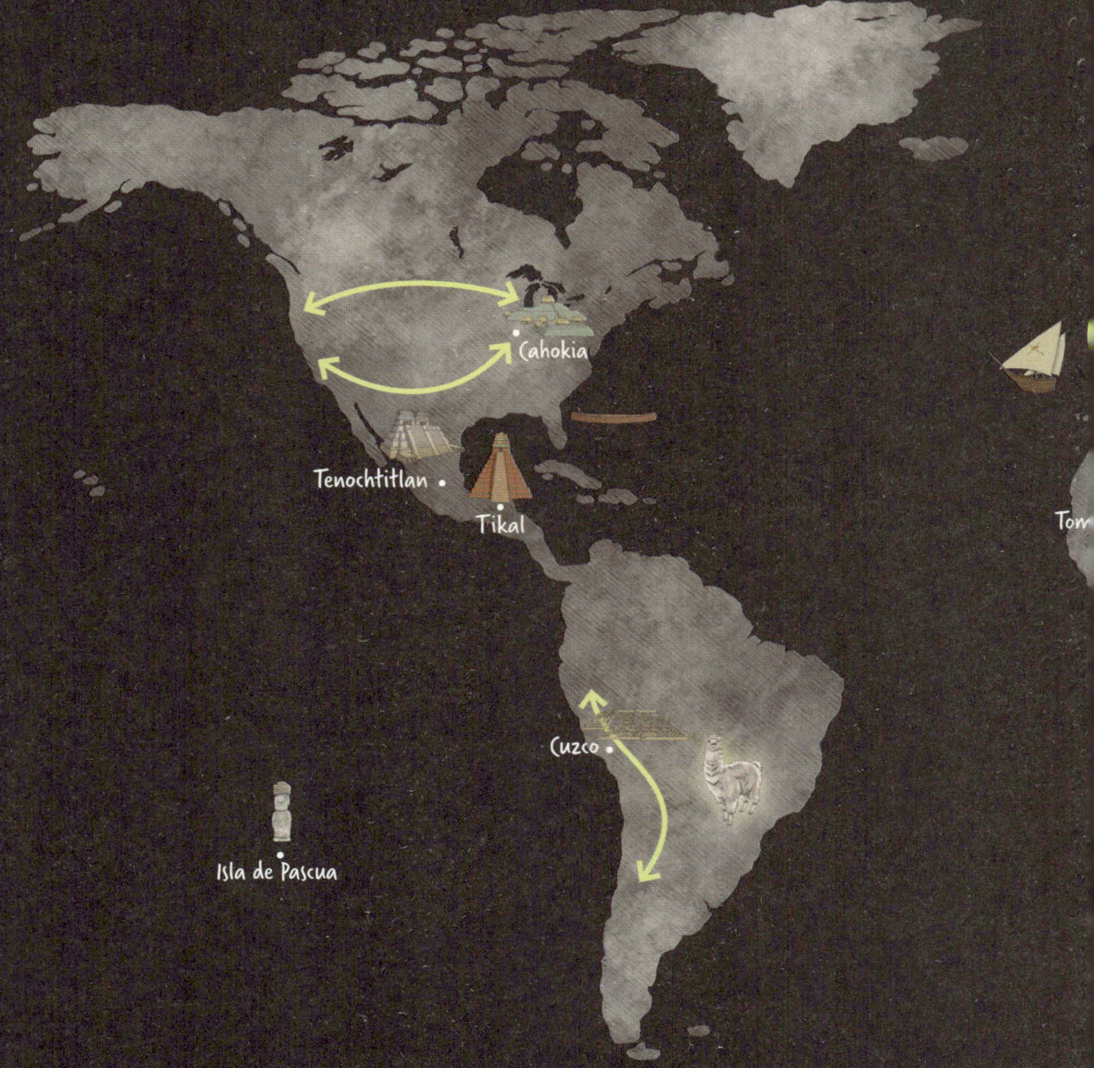

Cahokia

Tenochtitlan •

Tikal

Tom

Cuzco •

Isla de Pascua

MAPAMUNDI
DE LA HISTORIA

Antiguas rutas comerciales

Roma

Cartago

Jerusalén Susa

La Meca

Áxum

Gran
Zimbabue

Karakórum

Kioto

Xi'an

Pataliputra

Angkor

Borobudur

Los humanos somos imparables. Al parecer, nada puede detenernos.

Si nos enfrentamos a un obstáculo, hallamos una manera de superarlo. Cuando topábamos con leones, hicimos armas. Cuando nos limitaban los vastos océanos, construimos barcos. Y, cuando la Tierra parecía repleta, inventamos naves espaciales.

Pero, al parecer, ni siquiera nosotros mismos podemos pararnos los pies. Nada nos satisface durante demasiado tiempo. Por muchas cosas que consigamos, siempre queremos más, y, vayamos adonde vayamos, no encontramos la paz.

¿Qué es lo que nos permite superar todos los obstáculos? ¿Qué es lo que no nos deja encontrar la paz?